出題傾向と模範解答

消防官
試験のための
論作文術

【改訂版】

つちや書店

まえがき

この本は、これから消防官試験を受けるみなさんが、小論文試験対策を効率よくマスターすることを目指してつくられたものです。小論文試験は受験者の教養や内面的資質などを問うもので、一朝一夕で習得することは難しいとされています。それを「これ一冊」で完結できるよう、本書には次のような工夫が凝らされています。

まず第一に、過去の小論文試験で出題された問題を徹底的に分析し、よく出るテーマを絞り込みました。それを第5章と第6章で扱い、模範解答を提示しています。これらのテーマは頻出ですから、試験本番でも出題される可能性があります。第5章と第6章を予想問題と考え、与えられたテーマについてどんな内容をどのように展開すればよいのか、頭に入れておきましょう。

次に、本書はみなさんが少しずつ着実に小論文試験対策をマスターしていただける構成になっています。第1章と第2章では、消防官の小論文試験がどのようなものであるかを示し、第3章と第4章では、小論文を実際に書くための下準備を展開しています。そのうえで、第5章と第6章では、実際の過去問から厳選した27題を例題として、解答例を導き出しています。スモール・ステップで、一つひとつ階段を上がっていく章立てになっていますから、ぜひとも最後の第6章まで到達していただきたいと思います。

本書のもう一つの特徴として、第5章では「良い例」と「悪い例」の二つを並べ、「悪い例」のどこが悪いのか、それを改善するとどうなるのかをわかりやすく示しています。これにより、小論文試験において避けたほうがよいこと、評価の対象になることの基準がはっきりしてきます。本書を一冊読破すれば、試験本番で高得点をねらう自信がつくことを確信しています。

みなさんのご検討をお祈りしています。

つちや書店編集部

出題傾向と模範解答でよくわかる！

消防官試験のための論作文術 改訂版

CONTENTS

第3章　できる小論文とは？

CONTENTS

CONTENTS

CONTENTS

第6章 実践問題

第1章

消防官試験の概要

- 消防官になるためには
- 消防官の職場
- 受験資格
- 採用試験
- 試験の日程

本章では、消防官試験の全体像を明らかにし、その中で小論文試験がどのように位置づけられているかを示します。

第1章　消防官試験の概要

●消防官になるためには

消防官とは、文字どおり「消防任務に従事する者」を指しますが、法律上の定義はどうなっているのでしょうか。

消防組織法第一条には、消防の任務が次のように示されています。

「消防は、その施設及び人員を活用して、国民の生命、身体及び財産を火災から保護するとともに、水火災又は地震等の災害を防除し、及びこれらの災害による被害を軽減するほか、災害等による傷病者の搬送を適切に行うことを任務とする。」

じつは「消防官」とは通称で、法律上は「消防吏員《りいん》」という身分になります。消防吏員とは、消火・救助などの任務を行う消防職員のことで、地方公務員にあたります。また、よく使われる「消防士」という名称は、消防吏員の階級の一つです（なお、ほかに本業を持つ、地域の志願者からなる「消防団員」とは区別されます）。

消防官として働くためには、原則として各市町村が実施する採用試験に合格する必要があります。その後、各都道府県あるいは政令指定都市の消防学校で6~7か月程度の研修を受けます。そして卒業後に消防署に配属され、消防任務に従事することになるのです。

●消防官の職場

消防官の職場は、消防本部および消防署です。消防本部は消防組織法に基づいて各市町村に設置されています。「消防局」「消防防災局」といった名称を用いている自治体もあります。

●受験資格

採用区分によって、年齢、学歴などの受験資格を定める自治体が多くなっています。採用区分は自治体により異なりますが、概ね次のようになっています。

採用区分

- **Ⅰ類（上級）……大学を卒業した者、または卒業見込みの者**
- **Ⅱ類（中級）……短期大学もしくは高等専門学校を卒業した者、または卒業見込みの者**
- **Ⅲ類（初級）……高校を卒業した者、または卒業見込みの者**

・専門系……………大学を卒業した人、または卒業見込みの者

※本書はⅢ類（初級／高卒レベル）を対象としています。

また、ほとんどの自治体が、日本国籍を有することを受験資格としています。外国籍の永住者や特別永住者の受験を許可しているところもありますが、「公務員に関する基本原則」に基づき、従事できる業務に制限があります。

そのほか、消防官の任務の性質上、「当該市内（あるいは町内、村内）またはその周辺に居住できること」といった居住地に関する条件や、身長や体重、視力、聴力などの体格や身体に関わる条件が定められている場合もあります。詳細は自治体によって異なりますので、よく調べてから受験しましょう。

［身体的条件の例］

・身長……男性は160㎝以上、女性は155㎝以上であること
・体重……男性は50kg以上、女性は45kg以上であること
・胸囲……おおむね身長の二分の一以上であること
・視力……両眼で0.7以上（矯正含む）であり、赤色、青色および黄色の色彩の識別ができること

・聴力……左右正常であること　　など

さらに、地方公務員法第16条に基づき、次のいずれかの欠格条項に該当する人は受験できません。

ア．成年被後見人又は被保佐人（準禁治産者を含む）
イ．禁錮《こ》以上の刑に処せられ、その執行を終わるまで又はその執行を受けることがなくなるまでの者
ウ．当該地方公共団体において懲戒免職の処分を受け、当該処分の日から二年を経過しない者
エ．日本国憲法施行の日以降において、日本国憲法又はその下に成立した政府を暴力で破壊することを主張する政党その他の団体を結成し、又はこれに加入した者

●採用試験

採用試験の方法については、自治体によって若干の違いはありますが、一般的には教養試験・体力試験・小論文（作文）試験・口述試験（面接）・適正検査・身体検査などが行われます。第一次試験、第二次試験というように二回に分けて実施するところが多いようですが、第三次試験まで行うところもあります。

また、年度によっても異なることがあるため、受験をする際は必ず確認しましょう。
各試験の出題分野・内容は次のとおりです。

教養試験	一般知識（社会科学・人文科学・自然科学など） 一般知能（文章理解・判断推理・数的推理・資料解釈など） ※別に、専門試験が課される自治体もあります。
体力試験	握力・上体起こし・長座体前屈（立位体前屈）・反復横跳び・けんすい・立ち幅跳び・シャトルラン・持久走など。
小論文（作文）試験	与えられたテーマに沿った小論文（作文）が課されます。
口述試験（面接）	個人面接、もしくは与えられたテーマに沿った集団討論が行われます。
適正検査	性格適正および職務適正などについての検査が行われます。
身体検査	健康状態に関する医学的な検査が行われます。

●試験の日程

試験の日程は各自治体によって、また採用区分によってもかなりばらつきがあります。早いところでは4月中に、遅いところでは年が明けて1月になってから、申し込みが始まります。おおよその流れは次のとおりです。

①試験の日程の発表　5～9月上旬
②申込受付　6～9月
③第一次試験　6月下旬～10月中旬
④第二次試験　7月～11月
⑤合格者の発表　8月～12月中

自治体によっては、郵送のほかにインターネットでも申し込みを受け付けているところがあります。

申し込みに必要な書類は、受験申込書、写真、卒業証明書または卒業見込証明書、学業成績書などです。不備のないように書類をそろえて提出し、試験に臨みましょう。

第2章

過去問分析

- 小論文試験の出題内容
- 小論文試験の傾向と対策

本章では、これまで実際に出題された問題を分析し、
小論文試験の傾向と対策を探っていきます。

第2章　過去問分析

●小論文試験の出題内容

消防官採用試験では、第二次試験で小論文試験が課されますが、どのような問題が出題されているのでしょうか。

まず、小論文試験の時間と字数、配点の目安は次のとおりです。

- 試験時間　60～90分
- 字数　600～1200字
- 配点　総得点の10～15％

小論文で出題されるテーマは、各自治体によって異なります。したがって、試験の対策には、受験する自治体が過去にどんなテーマで出題していたのかを分析し、その傾向を把握することが重要です。ここでは、各自治体で過去に出題された小論文試験のテーマをひもとき、その傾向と対策を論じていきます。

近年の傾向として小論文試験の対象を、事務職員や技術系職員など、ほかの職種と共通にしている自治体と、消防の職を希望する者に限定している自治体が多く見受けられます。

ほかの職種と共通としている出題例としては、

・世の中にあるルールや決まり事（法律・規則、慣例、作法、しきたり等）の中で、あなたが変えた方がよいと思うものを挙げ、自由に述べなさい（山形市）
・良好な人間関係を築くために必要なこと。そのために心掛けるべきことは何か（日立市）
・今まで一番苦しかった経験と、それをどのように乗り越えたか、自分はどのように成長できたか（水戸市）
・社会人として仕事をする上で最も大切だと思うことは何か。あなたの考えを述べなさい（堺市）
・市民対応時に自分の説明に対し市民の方の理解が得られなかった場合、どのように対処すべきか、あなたの考えを述べよ（広島市）

といったものが過去に出題されており、受験者の考え方や、時事的な問題について問うものが多い傾向があります。

一方、消防の職に限定している出題例です。

・市民の暮らしを守るため、消防士として心がけるべきことは何か、あなたの考えを述べなさい（新潟市）
・「学校生活を通して学んだこと」を具体的に述べ、その経験を消防士としてどのように活かせるか、あなたの考えを述べなさい（千葉市）
・緊急時に迅速かつ適切に対応するため、消防士が普段から心がけることは何か、あなたの考えを述べよ（越谷市）
・あなたが当市の消防職員となったら、自分の長所・個性などを活かしながら、どのように住民に貢献していきたいか述べなさい（四日市市）

「消防官」の立場から論じさせるものが多く、専門的な知識が問われます。受験する自治体の出題傾向を把握しておく必要があるでしょう。

出題パターンを整理すると、小論文試験のテーマは、大きく次の三つに分類されます。

ほかの職種と共通

消防官に限定

【分類1】　個人的な事柄に関する出題

【分類2】　時事的な事柄に関する出題

【分類3】　専門的な事柄に関する出題

次に、どのような問題が実際に出題されているのか、出題の分類ごとに具体的に見ていきましょう。

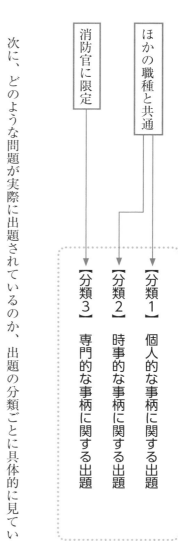

【分類1】個人的な事柄に関する出題の傾向と対策

●過去に出題されたテーマの例

・これまでの経験のなかで、あなたがチームの中で果たした役割と、そこから学んだことについて述べなさい（仙台市）
・小学生だった頃のあなたに、今の自分を自慢してください（山形市）
・あなたが好きな言葉と嫌いな言葉について一つずつ挙げ、それぞれの理由を述べなさい（水戸市）
・子どもの頃の自分、今の自分、これからの自分（日立市）
・これまでの人生で、あなたが最も達成感を得られた経験は何か。また、その経験から学んだことについて述べなさい（堺市）
・「精神面を鍛える」とはどのようなことか自身の経験を踏まえ、あなたの考えを述べよ（徳島市）
・私の苦手なことと、それをどのように克服しているか（北九州市）

●傾向

出題されたテーマの例を見てもわかるように、「自分の……」「あなたの……」といった個人の考えや生き方が問われています。

受験者の特性を知ろうという意図で出題されていることは明らかです。

●対策

こうしたパターンの小論文の対策には、自己分析が有効です。

特別な対策をする必要はありませんが、自分のこれまでの人生や内面について深く掘り下げておくと、試験の際にあわてることなく取り組むことができるでしょう。

たとえば、

- 自分の長所
- 自分の短所
- 自分の性格
- 自分が信条としていること
- もっとも感動したこと
- 感謝していること
- これまでがんばってきたこと

といったことについて、すぐに答えることができるでしょうか。試験が開始されてから考えていたのでは時間が足りません。

これらのテーマについて深く考えておくことは面接試験にも役立ちますので、試験に臨む前にしっかり準備しておきましょう。

【分類2】時事的な事柄に関する出題の傾向と対策

●過去に出題されたテーマの例

・最近関心を持った社会問題とその理由（水戸市）
・高齢化社会に向けて、消防はどのような対応をすべきか。そして、そのためにあなたはどのようなことをしたいか。考えを述べよ（徳島市）
・最近の気になるニュースを一つ取り上げ、それを選んだ理由とあなたの考えるところを述べよ（徳島市）
・文部科学省の推奨する教育のＩＣＴ化においては、スマートフォンやパソコンを効果的に活用した学習方法がますます重要となっていくことが想定されます。そこで、スマートフォンやパソコンを活用した学生自身の効果的な学習方法について、あなたの考えを二つ以上述べなさい。（一部抜粋）（神戸市）

●傾向

消防官採用試験の小論文試験においては、時事的なテーマが出題されることはあまり多くありません。とはいえ、マスメディアで話題になっているような時事問題については、広く関心を持ち、自分なりの意見や考えを持っておくことが大切です。

特に次のようなものについては、基本的な内容をおさえ、自分なりの意見を整理しておくとよいでしょう。これも小論文はもちろん、面接試験で役立ちます。

・少子高齢化社会について
・若年層の経済格差について
・情報化社会について
・働き方改革について
・成人年齢の引き下げについて
・地球温暖化などの環境問題について

小論文試験において、一部の限られた人しか知らないようなことを問われることはまずありません。つまり、問われているのは一般常識なのです。

●対策

時事的なテーマについて論じられるようになるには、日ごろから新聞やインターネットなどで新しい情報に注意しておくことが大切です。公務員として働くうえで求められるのは一般常識です。世の中の動きに常に目を配っておきましょう。

【分類3】専門的な事柄に関する出題の傾向と対策

●過去に出題されたテーマの例

・あなたが目指す信頼される消防職員について、考えを述べよ（越谷市）
・災害の増加や新たな感染症等に対応するために、川崎市消防職員としてどのようなことに取り組むべきか、あなたの考えを述べなさい（川崎市）
・市民が安心して暮らせる町づくりに応えるために、消防職員に求められることは何か、あなたの考えを述べなさい（四日市市）
・「市民が求める理想の消防職員」についてあなたの思うことを述べなさい（川崎市）
・「消防士」に必要不可欠な能力や心構えは何ですか。また、それを踏まえ、あなたはどのように行動していくか述べなさい（さいたま市）
・あなたは消防職員として仕事をするうえで、どのような心構えが必要だと考えますか。その理由も含めて具体的に述べなさい（堺市）

●傾向

消防官採用試験の小論文試験において、出題頻度が高いのが「消防官の立場に立って」論じるというパターンです。地域の防災や、災害に強い地域づくりといった問題について、市民との協働、高齢化、過疎化などの点をふまえて論じさせるものが多く見受けられます。

また、消防の立場から、災害や感染症等への対応と取り組みについて論じさせるものもあります。

●対策

このパターンの問題で、必要となってくるのが専門知識です。たとえば「中山間地域における防災」について書くとき、知識があるかないかによって小論文の説得力が違ってきます。この説得力の違いは、そのまま小論文試験の得点の違いとなります。

小論文試験の専門的な事柄に関する出題に必要となる専門的な知識については、第3章のＳＴＥＰ３（50～58ページ）で述べていますので、参照してください。

また、地方行政や公務員像について問われることもあるので、公務員として働くうえで、地方自治制度のあり方や公務員としてのあり方について自分がどう考えているのかを、一度整理しておく必要があるでしょう。

以上、過去に出題されたテーマを三つに分類して見てきました。

ここで、受験を前にしたみなさんが小論文対策としてこれから取り組むべきことをまとめておきましょう。

【分類1】　個人的な事柄に関する出題
　↓　まずは自己分析を！
【分類2】　時事的な事柄に関する出題
　↓　新聞やインターネットなどでニュースに目を配り、情報を得る！
【分類3】　専門的な事柄に関する出題
　↓　消防・防災に関する専門知識を身につける！

小論文試験は一夜漬けでどうにかなるものではありません。日々の積み重ねがものをいいます。試験に向けて、日ごろからしっかり取り組んでいきましょう。

第3章

できる小論文とは？

- 「小論文」の定義
- 小論文試験で試される能力
- 小論文試験のチェック項目
- STEP1
  小論文の書き方のルール
- STEP2
  個性、パーソナリティをアピールする
- STEP3
  知識に裏づけられた文章を書く

本章では小論文試験において受験者の何が評価されるのかを説明し、「できる小論文」を明らかにします。

第3章　できる小論文とは？

●「小論文」の定義

小論文は「小さな論文」と書きますが、まさにそのとおりで、何かを論じてこそ「小論文」といえます。つまり、意見や感想を脈絡なくただ書いたとしても、小論文※とはいえません。したがって、そのような文章では小論文試験において合格点を取ることもできないのです。

小論文＝小さな、理論立てて書かれた文章

※自治体によっては、小論文ではなく作文を課すところもあります。作文は理論立てた文章ではなく、受験者の経験に基づく意見や感想文に近いものといえます。

では、合格点の取れる小論文とはいったいどのようなものなのでしょうか。

本章では、小論文で受験者が何を試されているのかを確認するとともに、合格に近づくための小論文のポイントや書き方のルールなど、「できる小論文」とは何かを解説します。

ではさっそく、「できる小論文」のポイントを一つずつ分析していきましょう。

●小論文試験で試される能力

そもそも小論文試験は何のために課されるのでしょうか。

各自治体によって多少の違いはありますが、小論文試験で試される内容は、次のとおりです。

> 小論文試験 ＝ 公務員として必要な文章による表現力、判断力、思考力等についての筆記試験

この「公務員として必要な文章による表現力、判断力、思考力等」とは、文章によって自分の考えを表現できるか、さまざまな事象に対して適切な判断を下すことができるか、さまざまな物事について自分の考えを持っているかといったことです。

要するに、①**文章を書く能力**、②**個性・パーソナリティ**、③**知識**――が問われているといえます。この三つをうまくアピールしてこそ合格点の取れる小論文を書くことができるのです。

では、それらが小論文試験においてどのように評価されているのか、具体的に見ていき

ましょう。

①　文章を書く能力 → 形式面 でチェック！
②　個性・パーソナリティ
③　知識
②③ → 内容面 でチェック！

●小論文試験のチェック項目

形式面

□ 原稿用紙を正しく使って書けているか？ → STEP1
□ 誤字・脱字のない正しい文章が書けているか？ → STEP1
□ 読みやすい字で丁寧に書けているか？ → STEP1
□ 文章語（書き言葉）で書けているか？ → STEP1
□ 文法的に正しく書けているか？ → STEP1
□ 文章は読みやすく書かれているか？ → STEP1
□ 文章の組み立てを考えて書かれているか？ → STEP1

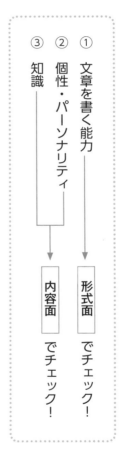

内容面

- □ 前向きな印象を与えるものになっているか？ → STEP2
- □ 公務員にふさわしい内面的資質が備わっているか？ → STEP2
- □ 自分の考えを明らかにして、独創的に論じているか？ → STEP2
- □ 職務に就くうえで必要な知識を有しているか？ → STEP2
- □ 出題の意図を正しく理解しているか？ → 第4章
- □ 文章の流れは一貫したものになっているか？ → 第4章
- □ 具体的な例を挙げるなどして、客観的に書かれているか？ → 第4章
- □ 問題点を明らかにして論じているか？ → 第4章
- □ 問題に対する具体的な解決策を提示できているか？ → 第4章

本章では、右に挙げたチェック項目を一つひとつクリアして、「できる小論文」を書き上げるために必要な技術と知識を探っていきます。

形式面にかかわる「①文章を書く能力」については本章ＳＴＥＰ１で、内容面にかかわる「②個性・パーソナリティ」についてはＳＴＥＰ２で、「③知識」についてはＳＴＥＰ３と第４章で詳しく説明していきます。

STEP 1

文章を書く能力を身につける

1 原稿用紙に正しく書く

原稿用紙を正しく使って書けていなければ、減点の対象になります。正しい原稿用紙の使い方を復習しておきましょう。ただし、答案用紙の様式は、罫線が引かれただけのものや何もない白紙など、自治体によってさまざまです。本書では、原稿用紙を基準にして説明していきますが、基本的に書き方のルールは変わりません。

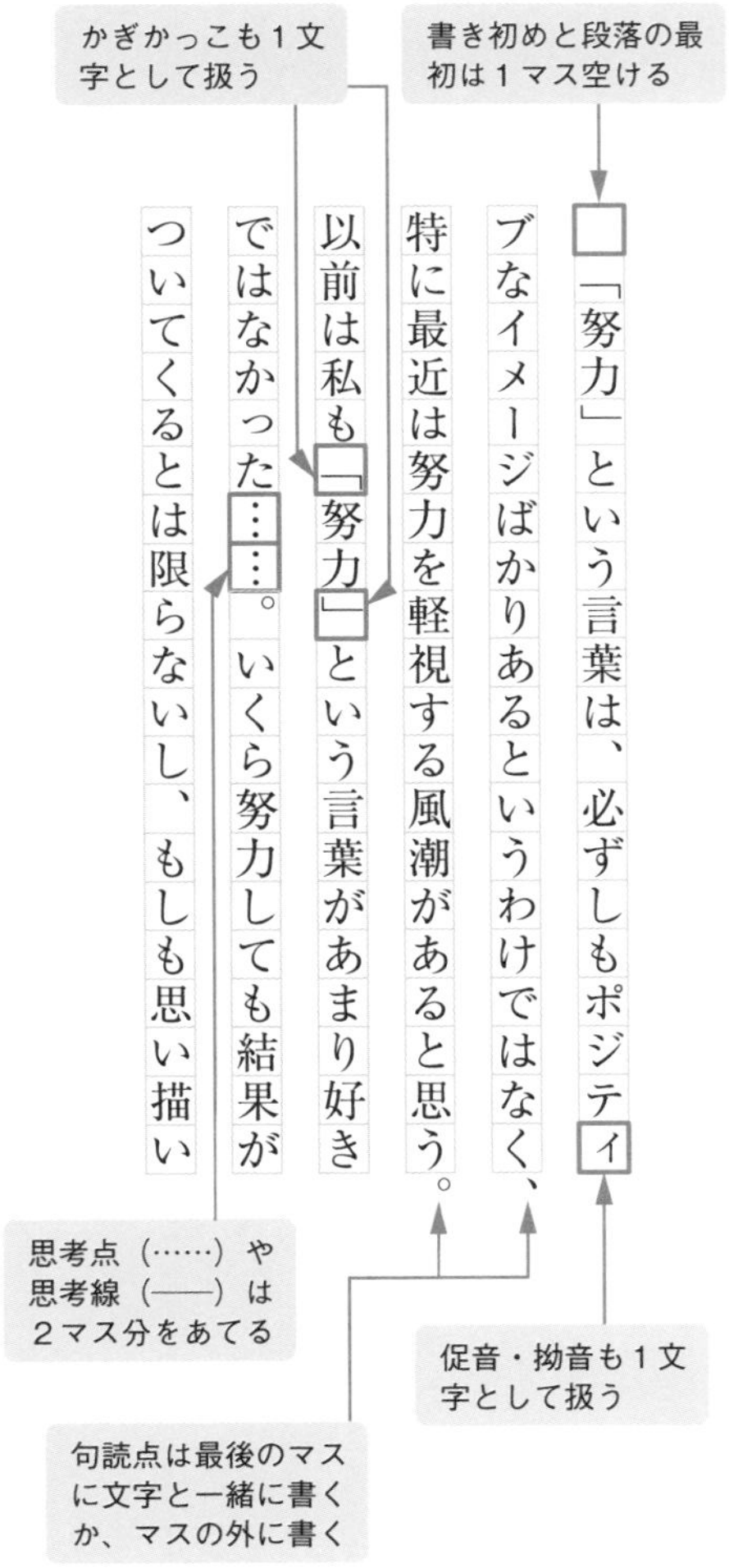

書き初めと段落の最初は１マス空ける
かぎかっこも１文字として扱う
「努力」という言葉は、必ずしもポジティ
ブなイメージばかりあるというわけではなく、
特に最近は努力を軽視する風潮があると思う。
以前は私も「努力」という言葉があまり好き
ではなかった……。いくら努力しても結果が
ついてくるとは限らないし、もしも思い描い
促音・拗音も１文字として扱う
思考点（……）や思考線（——）は２マス分をあてる
句読点は最後のマスに文字と一緒に書くか、マスの外に書く

2 正しい文章を書く

小論文試験において、誤字や脱字がある答案は論外です。必ず見直しをして、誤りがないようにしましょう。

また、読みにくい字やつづけ字、略字なども避けましょう。文章は、楷書で書くようにします。

	✕	○
〈誤字〉	保健を適用すべきだ。	保険を適用すべきだ。
〈脱字〉	自分なり考えている。	自分なりに考えている。
〈略字〉	人向性が問われる。	人間性が問われる。
	才一に思っている。	第一に思っている。
〈書体〉	行政の責任となる。	行政の責任となる。

3 文章語（書き言葉）で書く

小論文を書くにあたっては、流行語や略語、口語（話し言葉）を避けて、文章語（書き言葉）を用いるようにしましょう。ふだんの会話で使っているような口語表現は、採点者に軽薄な印象を与えてしまう可能性があります。

〈流行語〉 × 超真剣に取り組んだ。 ○ とても真剣に取り組んだ。

〈略語〉 × TVには弊害がある。 ○ テレビには弊害がある。

× スマホは必要ない。 ○ スマートフォンは必要ない。

〈口語〉 × 大変だなぁと思う。 ○ 大変であると思う。

× 決まりだから、守るべきだ。 ○ 決まりなので、守るべきだ。

このほか、小論文試験で気をつけたいのが文体です。

小論文はあくまでも論文であり、何かを論じるという文章においては、「です・ます」調（敬体）よりも、「だ・である」調（常体）のほうがふさわしいといえるでしょう。

また、明らかに背伸びしたような理屈っぽい文体、奇をてらった文体、エッセイ風の文体も避けましょう。小論文試験では、文学的な文章は要求されていません。むしろ論旨が分かりやすい手堅い文章のほうが採点者に良い印象を与え、高得点を期待できます。

● 文体は「だ・である」調で書く。
● 理論立てて素直に書くことを心がける。

4 文法的に正しく書く

小論文試験では、文法の誤りも減点の対象となります。文法上で間違いやすい例には次のようなものがあります。

〈助詞（て・に・を・は）の誤り〉 × 私が誠実でありたい。 ○ は
〈動詞の不対応〉 × 私はその論を賛成する。 ○ 支持する
〈副詞の不対応〉 × あえて深刻だ。 ○ きわめて
〈主語・述語の不対応〉 × 法律の改善が必要とする。 ○ される

また、「私が最近興味を持っているのは、スローライフという考えに興味を持っています。」といった、主語・述語が対応しない文を書いてしまいがちです。いったい何について論じている文なのか、主語を明らかにすることも大切です。

●呼応の副詞

ある語句が前にあると、それに対して、あとに決まった語句がくることがあります。これを「呼応の副詞」といいます。呼応の副詞は、文末表現に気をつけるようにしましょう。

打消	とても～ない。
推量	たぶん～だろう。
打消の推量	よもや～まい。
疑問	なぜ～か。
仮定	もし～ならば
願望	どうぞ～ください。
比況《ひきょう》	まるで～ようだ。
断定	きっと～だ。

5 わかりやすく・読みやすく書く

わかりやすい文章の基本は「５Ｗ１Ｈ」がはっきりしていることです。つまり、「いつ」「どこで」「だれが」「何を」「なぜ」「どのように」したのかを、明らかにすることが大切です。

When	いつ
Where	どこで
Who	だれが
What	何を
Why	なぜ
How	どのように

さて、みなさんは次の文章を読んで、どのような印象を受けるでしょうか。

私の夢。それは救急救命士になること。大切な命を救うこと。それはやりがいのある使命だ。だからこそ、努力するのだ。その夢の実現のために。

個性的な文章ではありますが、体言止めが多すぎますし、倒置法なども用いられており、読みやすい文章とはいえません。読みやすい文章を書くためには、文学的なテクニックを多用するのは避けたほうが無難でしょう。

- 体言止めを多用しない。
- 倒置法を用いない。
- 比喩表現を多用しない。
- 長すぎる修飾語を用いない。
- 一文を長くしすぎず、簡潔にまとめる。

6 文章の組み立てを考えて書く

よほど理路整然とした思考のできる人でない限り、思いついたままを原稿用紙に書き始めたのでは、論旨があちらこちらへ飛躍したり規定の文字数に収まらなかったりして、合格の基準に達する小論文にはなりません。

小論文では、あらかじめ文章の組み立てを考えて書く必要があります。文章構成にはさまざまなパターンがありますが、

①「起→承→転→結」の四部構成
②「序論→本論→結論」の三部構成

のどちらかにするのが、八〇〇字程度の小論文としては効果的でしょう。

①「起→承→転→結」の四部構成のパターン

起	問題提起	全体の10％
承	意見の提示	全体の30～40％
転	展開	全体の30～40％
結	結論	全体の10～30％

文章構成の「型」としてよく挙げられるのが、「起・承・転・結」の四部構成のパターンです。問題提起に始まり、第二段落で自分の意見を提示し、第三段落で話を展開して、最後の段落で結論を述べるという構成です。ただし、時間と字数に限りのある小論文試験では、話を展開して結論まで導くのは少し難しい場合もあります。

②「序論→本論→結論」の三部構成のパターン

序論	問題提起	全体の10〜20％
本論	意見の提示	全体の40〜70％
結論	結論	全体の20〜40％

問題提起に始まり、意見を提示して結論に導く、というのがこのパターンです。小論文試験においては、もっともオーソドックスな型といえるでしょう。

このほか、結論から先に書き出すパターンなどもありますが、自分の考えを効果的にアピールするにはどのパターンが適しているか、個々のケースによって考える必要があります。小論文では、文章の構成が全体の印象を決めます。構成をしっかりと考えてから、文章を書くようにしましょう。

STEP 2 個性・パーソナリティをアピールする

小論文試験では、

① 文章を書く能力
② 個性、パーソナリティ
③ 知識

が問われていることは、前にも述べました（33ページ）。

では、その「個性、パーソナリティ」を小論文試験においてどのようにアピールしていけばよいのでしょうか。また、小論文試験で問われている「個性、パーソナリティ」とはいったいどのようなものなのでしょうか。

1 問われているのは内面的資質

個性やパーソナリティとは、個々人の人柄や価値観といったもののことです。「文は人なり」という言葉があるように、文章を見ればその人の人間性がわかるといいます。小論文をとおして、受験者は公務員に適した内面的資質を持っているかどうかを見られているのです。

個人の特性には良い点も悪い点もあるのが当然ですが、小論文は採用試験です。小論文では自分の良い点を採点者にアピールする必要があります。しかも、それを公務員として必要とされる内面的資質にからめることが、重要なポイントになってきます。

したがって、まずは公務員として必要とされている内面的資質とはどのようなものかを探っていきましょう。

前にも述べたように、小論文試験の内容は次のとおりです。

小論文試験＝

公務員として必要な文章による表現力、判断力、思考力等についての筆記試験

・さまざまな事象に対して適切な判断を下すことができるか？（←判断力）

・さまざまな物事についてしっかりとした考えを持っているか？（←思考力）

自らに「判断力」や「思考力」があることをアピールしたいところです。さまざまな物事に対するしっかりとした考えを持つには、「知識」が土台として必要になりますが、知識のアピールの仕方についてはＳＴＥＰ3で述べていきます。

●採点者にアピールしたい特性

さて、公務員は公共の利益に奉仕することが務めです。したがって、受験者には自己の利益よりも公共の利益優先するようなパーソナリティが求められることになります。

日本国憲法第15条2項では、公務員は次のように定められており、「全体の奉仕者」と表現されることもあります。

・すべて公務員は、全体の奉仕者であつて、一部の奉仕者ではない。（第15条2項）

また、国家公務員法によれば、公務員には次のような義務が課せられています。

・国民全体の奉仕者として公共の利益のために勤務し、職務の遂行にあたって全力を挙げてこれに専念する義務（第96条）
・法令および上司の命令に従う義務（第98条）
・秘密を守る義務（第100条）
・信用を失墜させるような行為の禁止（第99条）

●採点者にアピールしたい特性

これまでの点をふまえると、採点者にアピールしたい特性がおのずと明らかになってきます。

- 物事に対して適切な判断を下すことができる
- 公共の利益に奉仕する精神がある
- 職務を遂行するための責任感がある
- 命令に従う素直さ、従順さがある
- 秘密を守る厳格さがある
- 品位を保つ真面目さがある
- 信用を保つ誠実さがある

また、職場でほかの人たちと一緒に働くうえで、

・一般常識がある　・論理的である　・協調性がある　・洞察力がある
・前向きである　・理解力がある　・積極的である　・視野が広い

といった内面的資質も評価の対象となります。

特に、一般常識があることは公務員として働くうえで不可欠な資質です。公務員の職務で基本になるのは、常識ある考え方なのです。

ここまで見てきたなかで、採点者にアピールしたい特性がわかってきたかと思いますが、逆に採点者にアピールするのは避けたい特性もあります。

●採点者にアピールを避けたい特性

× 自己中心的である　× 消極的である
× 無責任である　× 非常識である

たとえば、「『責任』について述べよ」という課題に対して、あなたに無責任なところがあるとしても、「私は無責任な人間である。」などと正直に書く必要はありません。「私は責任感を持つことが重要であると考える。」というように、前向きな姿勢をアピールするとよいでしょう。

もちろん、わざわざ自分の欠点を強調して書く人はいないでしょうが、人間性というものは言葉選びや行間からもにじみ出てしまうので、注意する必要があります。

2 独創性のある文章を書く

内容面にかかわるチェック項目（35ページ）の一つに、

□ 自分の考えを明らかにして、独創的に論じているか？

というものがあります。小論文試験においては、自分の考えを自分の言葉で独創的に論じることができているかどうかが問われます。

たとえば、以下のような文章からは、受験者の個性やパーソナリティはおろか、独創性は感じられません。

× 問題意識に欠ける安易な考えを述べている。
× 世間でよくいわれているような一般論をおおげさに述べている。
× 抽象的な表現ばかりで具体的な解決策を述べていない。
× 他人の考えの請け売りにとどまり、自分の立場がはっきりしない。

小論文試験では「その人らしさ」が必要ですから、個性のない平凡な文章や他人の考え、請け売りでは好印象を与えることはできません。自分らしさの表現を心がけましょう。

STEP 3 知識に裏づけられた文章を書く

説得力のある文章を書くには、ある一定の知識が必要です。

次の例を見てみましょう。

A「国民年金の支給だけでは、高齢者の暮らしは厳しいといえる。」

↔

B「国民年金が月額最高六万五千円しか支給されない現状においては、高齢者の暮らしは厳しいといえる。」

AとBの文章で、どちらがより説得力のある文章かといえば、「六万五千円」という具体的な数字を挙げているBの文章であることは明らかです。

説得力のある文章を書くには、理由や根拠を具体的に示すことが重要であり、そのためには背景知識が必要になるのです。

文章を書く能力 ＋ 知識 → より説得力のある文章

●小論文試験に必要な背景知識

小論文試験の出題テーマを分類していくと、次の三つに分かれることは第２章で述べました（22、30ページ）。このうち、【分類２】と【分類３】において専門知識が必要となります。

【分類１】　個人的な事柄に関する出題　→　自己分析が必要
【分類２】　時事的な事柄に関する出題
【分類３】　専門的な事柄に関する出題
（【分類２】【分類３】）→　背景知識が必要

それぞれの分類について、小論文試験に必要な背景知識を確認していきましょう。

1 時事的な事柄についての背景知識

消防官採用試験の小論文試験では、時事的なテーマが出題されることはそれほど多くはありません。しかし、だからといって準備を怠ってよいということにはなりません。過去に出題されたことがあるテーマには、以下のようなものがあります。

- 少子化について
- 高齢化について
- 格差社会について
- 地球温暖化などの環境問題について

○少子化

一般に出生率が低下して子どもが少なくなることを指して「少子化」といいます。少子化社会白書（平成16年度）によると、「少子社会」とは「合計特殊出生率が人口置き換え水準をはるかに下まわり、かつ、子どもの数が高齢者人口よりも少なくなった社会」と定義されています。

少子化の原因と日本の出生率

少子化の原因についてはさまざまな見解がありますが、女性の社会進出やライフスタイルの多様化による晩産化、無産化が進んだことが主な原因であるとされています。また、子どもの養育費の問題もかかわっているといわれています。

厚生労働省が2019年（令和元年）に発表した人口動態統計によると、合計特殊出生率（1人の女性が生涯に産む子どもの数の推計）は1.36。

少子化社会対策基本法（平成15年施行）

2004年（平成16年）の少子化社会対策会議において、「少子化対策大綱に基づく重点施策の具体的実施計画について（子ども・子育て応援プラン）」が決定されました。これは少子化対策基本法に基づき、若者の自立、働き方の見直し、地域の子育て支援などを重点的な課題として施策と目標を策定したもので、次世代育成支援の行動計画も踏まえたものとなっています。

○高齢化と格差社会

総人口における高齢者（65歳以上の者）の占める割合を「高齢化率」といいます。日本では、少子化とともに高齢化が急速に進行しています。

超高齢社会と介護保険制度

高齢化率7～14％の社会を「高齢化社会」、14～21％の社会を「高齢社会」、21％以上を「超高齢社会」といいます。日本は1970年に高齢化社会に、1994年には高齢社会になり、2007年にはついに超高齢社会に移行しました。2019年の高齢化率は28.4％。今後も高齢化率の上昇が見込まれています。

老人介護を社会全体で支える介護保険制度は、2000年（平成12年）に発足しました。制度開始以来、要介護（要支援）認定者数は増加を続けています。2017年（平成29年）の改正では、介護を必要とする高齢者が住み慣れた地域で自立した生活を送れるようにする「地域包括ケアシステム」の強化に重きが置かれました。

格差社会

社会を構成する人々の階層間に経済的、社会的な格差が存在し、その階層間での移動が困難な社会のことを「格差社会」といいます。また、個人間では「所得格差」といい、近年、若年層での経済的格差が特に問題となっています。

地球温暖化

地球温暖化とは、大気や海洋の温度が年々上昇していくという現象で、生態系への影響や、海面上昇による被害が懸念されています。地球温暖化の原因となる温室効果ガスの排出量を抑制することが急務となっています。

→パリ協定

循環型社会

廃棄物を減らし、製品などの循環によって地球環境への負荷を少なくすることを目指す社会のことをいいます。循環型社会では、リデュース（消費抑制・生産抑制）、リユース（再使用）、リサイクル（再利用）の「３Ｒ」が推奨されます。

バイオ燃料

石油燃料の代替となることが期待されている燃料です。バイオ燃料はトウモロコシなどの生物体から生成されるため、二酸化炭素の排出量が抑制されるといわれています。

2 専門的な事柄についての背景知識

専門的な事柄、つまり消防官として働くうえで必要となる背景知識は、やはり救命防災や防災に関する動きです。以下の内容のほかの事柄も、興味のあることを中心に、自分なりにまとめておくとよいでしょう。

○公的施設などへのＡＥＤの設置

ＡＥＤ（自動体外式除細動器）とは、疾病者の心電図を自動的に解析し、心室細動（心臓が細かく震えて血液を送れない状態）の場合には電気ショックを与えて正常の状態に戻す医療機器です。日本ではかつて、医師にしかその使用が認められていませんでしたが、現在では非医療従事者も使用可能になり、駅や空港、学校などの公共施設や商業施設などに広く設置されるようになりました。

【公的施設などへのＡＥＤ設置の背景】

１９９２年、アメリカ心臓協会は、心肺停止の疾病者の救命率向上に、パブリックアクセスＡＥＤ（公共施設などに設置された、一般人にも使用可能なＡＥＤ）が有効であるとのガイドラインを発表しました。日本では、ＡＥＤの使用は医療行為であり、医師か、医師の指示を受けた看護師もしくは救急救命士が行うものとされていましたが、その後、医師以外の人がＡＥＤを使用することについて、日本でも議論が活発化しました。

○中山間地域の防災

中山間地域とは、都市や平地以外の中間農業地域と山間農業地域の総称で、日本国土の69％を占めています。中山間地域には過疎化、高齢化が進んでいる地域が多く、消防団などの自治防災の機能が低下しているといった課題を抱えています。

中山間地域の消防体制

消防署や分署のない地区も多く、消防団が重要な役割を果たしています。しかし消防団員の高齢化や入団者の減少により、団員が不足しているところが多いようです。

中山間地域の救急救命体制

中山間地域は救急車の到着にも時間がかかるなどの課題を抱えています。消防署単位ではなく、現場の最も近くにいる消防車や救急車に出動命令を出す「高機能消防指令情報システム」や、ドクターヘリの活用などが始まっています。

中山間地域の集落の孤立

交通網が遮断されて集落が孤立する場合に備え、食料や物資の備蓄が積極的に行われています。また、通信網の遮断に備えて、衛星携帯電話が導入されている地区もあります。

第4章

小論文を書くためのプロセス

- ブレインストーミング
- 構成を考えてメモにまとめる
- 書く
- 見直す

本章では、実際に小論文を書くにあたって必要な4つのプロセスを説明します。

第4章　小論文を書くためのプロセス

ここまで、小論文試験の過去問をひもとき、その傾向と対策、さらに「できる小論文」とは何かを見てきました。それでは、小論文は実際に、どのように書いていけばよいのでしょうか。

小論文試験ではテーマが与えられ、その課題に従って書いていくことになります。しかしここで、試験時間の開始と同時に原稿用紙に書き始めないよう注意しましょう。試験時間に制限があって焦る気持ちもあるでしょうが、原稿用紙にあわてて書き始めたとしても、〝書いては消し〟、〝書いては消し〟を繰り返すだけで、かえって時間の無駄になってしまいます。時間が制限されているからこそ、小論文試験では効率的に書く必要があるのです。

では、どうすれば効率よく書くことができるのでしょうか。

じつは、必要なのは、答案用紙に書き始める前の「下準備」なのです。具体的には、「ブレインストーミング」「構成を考える」「メモにまとめる」という作業です。

これらの作業が終わって初めて、原稿用紙に書き始めることができるのです。そして、小論文試験では書きっぱなしは禁物です。書き終わったら、必ず文章を見直しましょう。

以上のことをまとめると、小論文を書くためのプロセスは次のようになります。

1 ブレインストーミング
↓
2 構成を考えてメモにまとめる
↓
3 書く
↓
4 見直す

この四つのプロセスを経て、小論文は完成するのです。

それでは続いて、それぞれのプロセスについて、どのような作業が必要とされるのかを見ていきましょう。

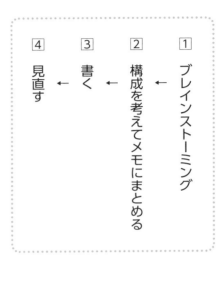

1 ブレインストーミング

小論文を書く際に最初にすべきなのが、「ブレインストーミング（brainstorming）」と呼ばれる作業です。

ブレインストーミングは、「集団発想法」と訳される会議の方法の一つで、五～十人でアイデアを出し合い、検討して発展させていくことを意味しています。

●ブレインストーミングとは

> 集団発想法。
> 集団で会議をしてアイディアを出し合い、検討して発展させていく方法。

しかし、小論文試験では実際に集団で会議を行うわけではありません。ここでいうブレインストーミングは、仮想世界のものです。自分の脳内で複数の視点からアイディアを出し、検討し、発展させていくということです。

個人の考えはひとりよがりなものになりがちです。そこで、いろいろな立場の意見を想定して検討する必要があるというわけです。

小論文のブレインストーミングは、一般的に次のような手順で行っていきます。

▼個人的な事柄に関する出題のブレインストーミング

① 与えられたテーマについて、個人的な体験をいくつか抽出する
② いくつかの事例の中から、もっともテーマにふさわしいものを選ぶ
③ 複数のアイデアを出す
④ 個人的な体験を普遍的な問題へと発展させていく

▼時事的な事柄・専門的な事柄に関する出題のブレインストーミング

① 与えられたテーマについて、定義を考える
② 最初から立場を決めず、肯定（賛成）と否定（反対）の両面から考える
③ 複数の視点に立ってアイデアを出す
④ 問題の原因や結果、背景を考える
⑤ 問題の具体的な解決策を考える

●ブレインストーミングの前提条件となる背景知識

具体的には、どのようにブレインストーミングを行っていけばよいのでしょうか。

たとえば、小論文のテーマとして「高齢化社会」が出題されたとします。その場合、まずは与えられたテーマについて、その定義をおさえておきましょう。そのためには「高齢化社会」について背景知識が必要です。第3章のＳＴＥＰ３でも述べましたが、背景知識がなければ、中身のある小論文は書けません。

（例）高齢化社会

定義

総人口における高齢者（65歳以上の者）の占める比率（高齢化率）の高い社会。

事実

日本では二〇一九年に65歳以上の人口が三千五〇〇万人を突破。

高齢化率は約28％。

二〇〇〇年に介護保険制度が発足し、老人介護は社会保険によって行われることになった。

問題

労働力人口の減少や社会保険料の負担増などが問題となっている。

● ブレインストーミング①　まずは書き出す

ブレインストーミングの第一段階です。まずは、「高齢化社会」について思いつくことを書き出してみましょう。

この段階では、小論文で使えるか使えないかを考える必要はありません。納得がいかないことを書いてしまっても、消してきれいに書き直す必要もありません。とにかく、自分の頭の中にあるものをすべて書き出してみます。

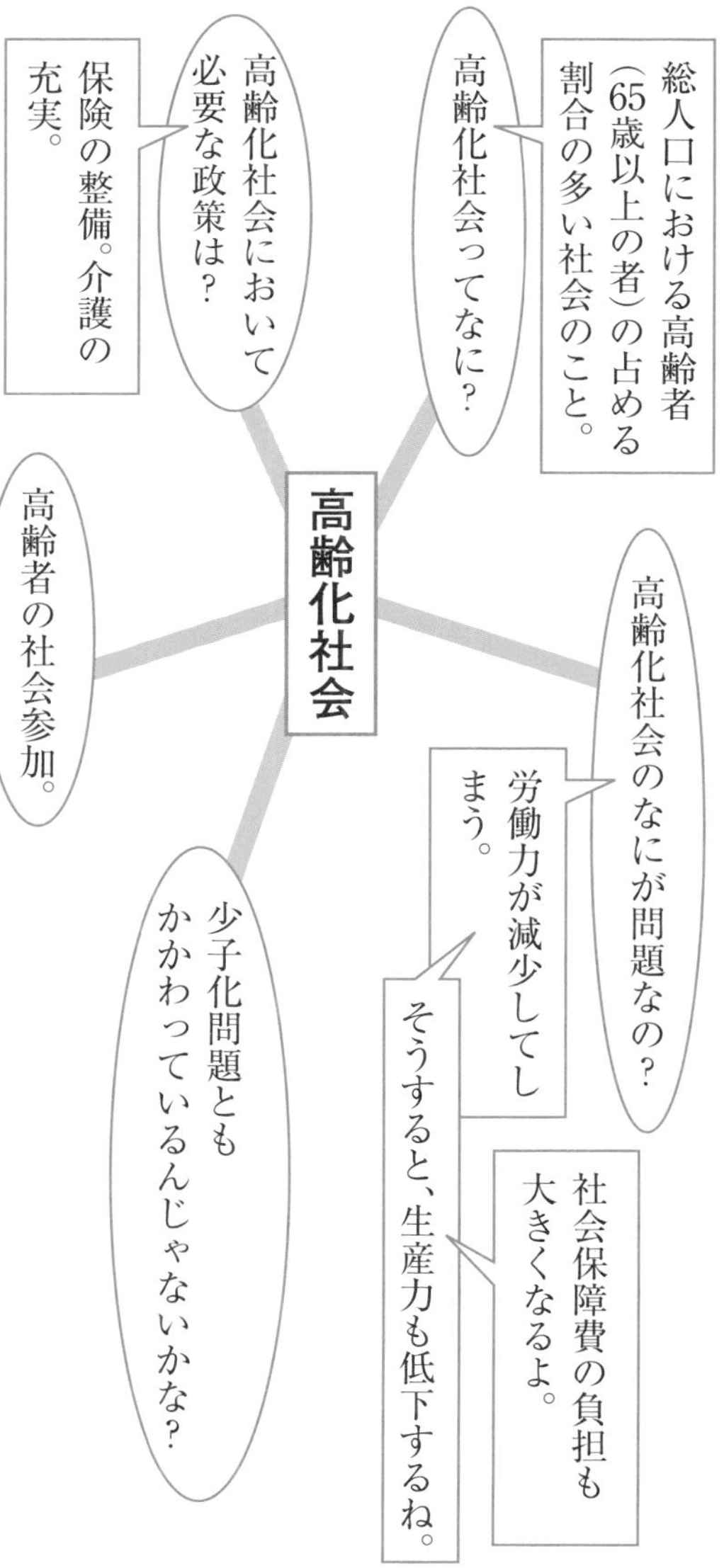
高齢化社会
高齢化社会ってなに？
総人口における高齢者（65歳以上の者）の占める割合の多い社会のこと。
高齢化社会において必要な政策は？
保険の整備。介護の充実。
高齢者の社会参加。
高齢化社会のなにが問題なの？
労働力が減少してしまう。
そうすると、生産力も低下するね。
社会保障費の負担も大きくなるよ。
少子化問題ともかかわっているんじゃないかな？

●ブレインストーミング②　問題点を絞る

ブレインストーミングの第一段階で、テーマについてのさまざまな考えや知識が出てくると思います。次に、小論文を書く際に使えそうな項目をピックアップして、問題点を絞ります。第二段階では、その切り口からさらにブレインストーミングを展開します。

ここでは、高齢化社会の何が問題なの？という疑問を取り上げて、問題の原因や結果、背景を探っていきます。

高齢化社会の何が問題なの？

労働力人口が減少することで、生産力が低下してしまう。

生産力が低下すれば、経済的に打撃を与えることになるね。

社会保障費の増加も、国の財政を圧迫することになるよ。

●ブレインストーミング③　解決策を探る

ブレインストーミングの第二段階で、「高齢化社会」の問題点が明らかになったと思います。すると次に、では、どうすればよいのか？という疑問が出てくるはずです。

ここでは、「高齢化社会の抱える問題を解決するためには、どうすればよいのか？」という疑問に答えるために、さらにブレインストーミングを進めて、具体的な解決策を見つけていきます。

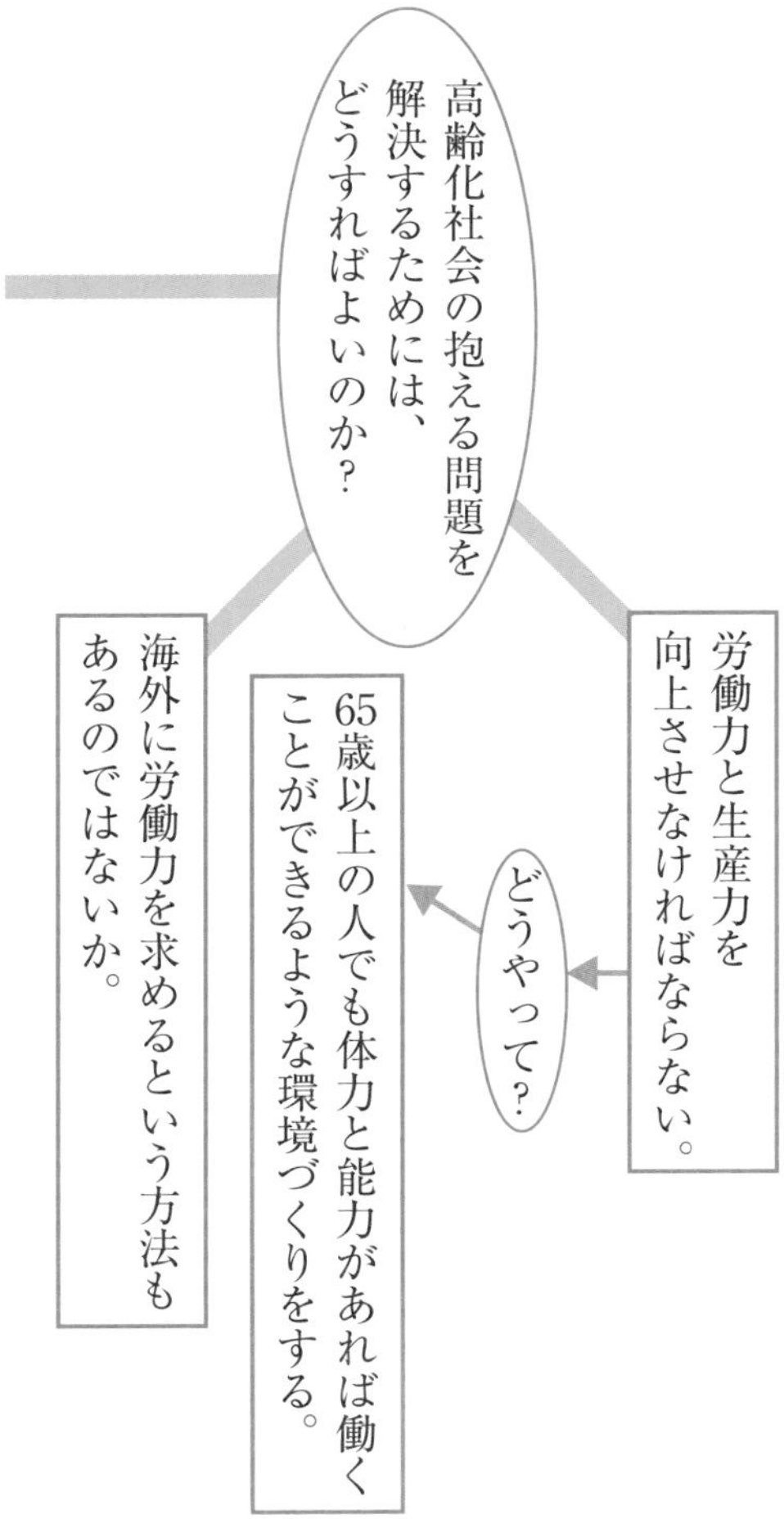
高齢化社会の抱える問題を解決するためには、どうすればよいのか？
労働力と生産力を向上させなければならない。
どうやって？
65歳以上の人でも体力と能力があれば働くことができるような環境づくりをする。
海外に労働力を求めるという方法もあるのではないか。

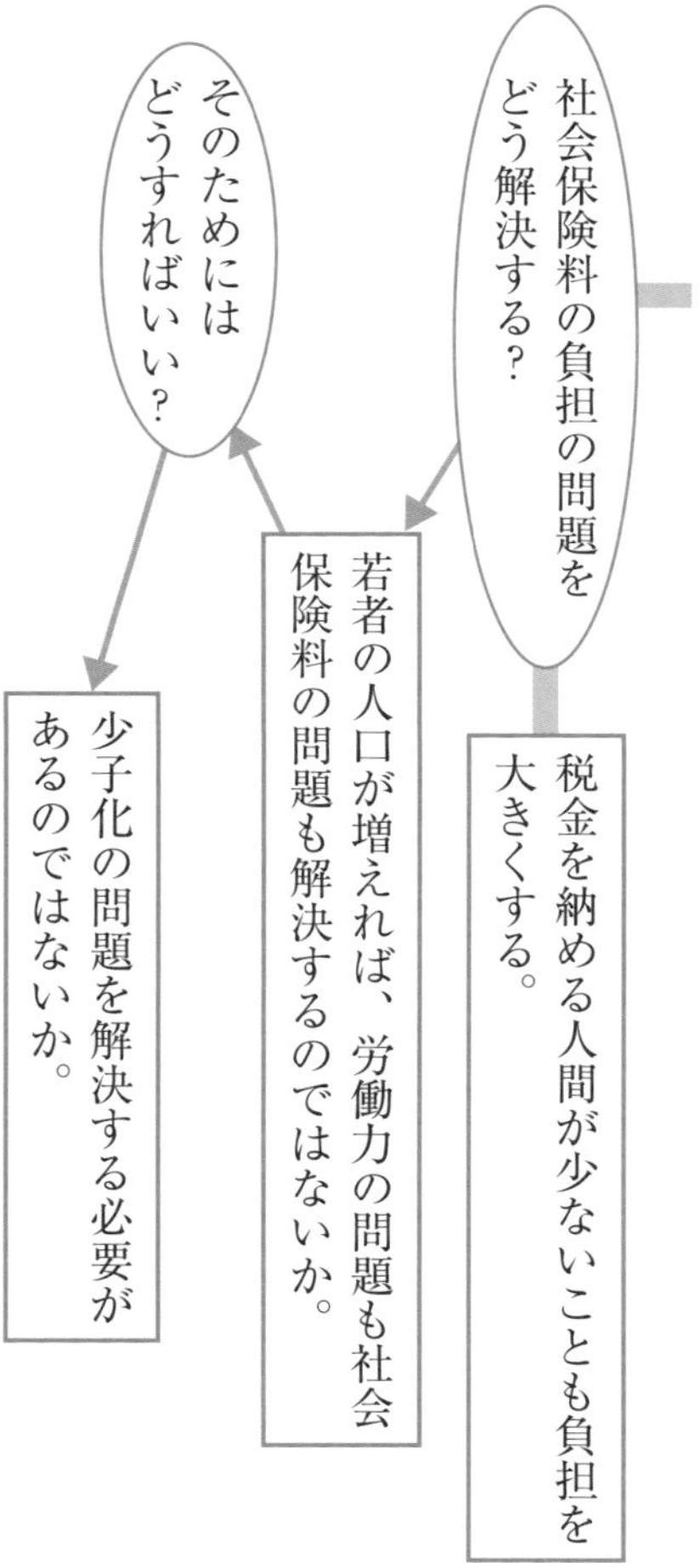

社会保険料の負担の問題をどう解決する？
税金を納める人間が少ないことも負担を大きくする。
若者の人口が増えれば、労働力の問題も社会保険料の問題も解決するのではないか。
そのためにはどうすればいい？
少子化の問題を解決する必要があるのではないか。

ここまでくれば、「問題提起」「展開」「結論」という小論文の流れのようなものが見えてきます。ブレインストーミングは、「○○とは何か？（定義）」「○○の何が問題となっているのか？（問題点）」「○○の問題を解決するにはどうすればよいのか？（解決策）」というような疑問を軸として、それに答える形で進めていくとよいでしょう。

そして、小論文では独創的な意見が書かれていることが重要なポイントとなるので、ブレインストーミングの中から独創的なアイデアをピックアップするようにします。

●ブレインストーミングの方法

ここまでで、ブレインストーミングのやり方がほぼわかってきたと思います。

1. テーマについての背景知識をおさえる
2. ブレインストーミングを行う

← 複数の視点からアイデアを出し、検討して発展させていく。

- 「○○とは何か?」
- 「○○の何が問題となっているのか?」
- 「○○の問題を解決するにはどうすればよいのか?」

を軸としてアイデアを出していく。

※このとき、独創的なアイデアを重視するようにする。

3. 「問題提起」「展開」「結論」という話の流れを見出す

以上のように、ブレインストーミングは、与えられたテーマをもとにアイデアを出していき、自分の考えをブラッシュアップさせていくうえで不可欠な作業なのです。

2 構成を考えてメモにまとめる

ブレインストーミングが終わったら、次は構成を考えながらメモにまとめます。

小論文試験において、内容面では次のような項目がチェックされているということは、前にも述べました。

●内容面での評価チェック項目

- □ 前向きな印象を与えるものになっているか？
- □ 公務員にふさわしい内面的資質が備わっているか？
- □ 自分の考えを明らかにして、独創的に論じているか？
- □ 職務に就くうえで必要な知識を有しているか？
- □ 出題の意図を正しく理解しているか？
- □ 文章の流れは一貫したものになっているか？
- □ 具体的な例を挙げるなどして、客観的に書かれているか？
- □ 問題点を明らかにして論じているか？
- □ 問題に対する具体的な解決策を提示できているか？

これらのことが評価の対象になるのだということを念頭に置いたうえで、何をどのように書いていくのかという構成を考えていく必要があります。

●文章の構成

文章の「起→承→転→結」の四部構成か、「序章→本論→結論」の三部構成とするとよいでしょう。

①「起→承→転→結」の四部構成のパターン

第一段落	**起**	**〈問題提起・話題の提示〉** 「○○のためにはどうすべきなのか。」 「○○について、考えてみたい。」	全体の10％
第二段落	**承**	**〈意見の提示〉** 「私は、△△と考える。」	全体の30〜40％
第三段落	**転**	**〈展開〉** 「なぜなら〜〜だからである。」 「しかし、××ということもある。」	全体の30〜40％
第四段落	**結**	**〈結論〉** 「よって、私は□□と考える。」	全体の10〜30％

②「序論→本論→結論」の三部構成のパターン

第一段落	**序論**	**〈問題提起・話題の提示〉** 「○○とはどういうことか。」 「○○について、考えてみたい。」	全体の10~20%
第二段落	**本論**	**〈意見の提示〉** 「私は、△△と考える。」 「なぜなら~~だからである。」	全体の40~70%
第三段落	**結論**	**〈結論〉** 「よって、私は□□と考える。」	全体の20~40%

四部構成でも三部構成でも、最初の段落でこれから何について論じていくのか、はじめに明らかにします。続く段落で自分の意見とその根拠を提示し、最後の段落で結論を述べる、というのが大まかな流れです。これが、小論文としてはもっともオーソドックスな流れといえるでしょう。

また、構成を考えてメモにまとめる際には、それぞれの段落の分量についても意識しておく必要があります。各段落の目安を示しておきましたので、参考にしてください。

●構成を考える

では、先ほどブレインストーミングを行った「高齢化社会」というテーマについて、構成を考えてみましょう。

背景知識

・総人口における高齢者（65歳以上の者）の占める比率（高齢化率）の高い社会。
・日本では、二〇一二年に65歳以上の人口が三千万人を突破。
・家族の負担を軽減し、介護を社会全体で支えることを目的に、二〇〇〇年に介護保険制度が創設。老人介護は社会保険によって行われることになった。

ブレインストーミングで出たアイデア

問題点

・高齢化社会の何が問題なのか？
↓
「労働力人口が減少することで生産力も低下する。」
↓
「生産力の低下は経済に打撃を与える。」
↓
「社会保障費の増加が、国の財政を圧迫する。」

・高齢化社会が抱える問題を解決するにはどうすればいいのか？
↓「労働力と生産力を向上させなければならない。」

解決策

「65歳以上の人でも体力と能力があれば働けるような環境づくりをする。」

「若い労働力を確保する。」

「社会保障費の財源を確保する。」

結論

「少子化問題を解決していく必要がある。」

ブレインストーミングの結果から、「高齢化社会が抱える問題を解決するにはどうすればいいのか？」ということを問題提起とし（序論）、続いて問題を解決するための方策として考えたことを自分の意見として書き（本論）、最後に高齢化社会が抱える問題を解決するためにすべきことを述べる（結論）、という「序論→本論→結論」の三部構成の形にまとめることができそうです。

● **メモにまとめる**

以下のような構想を、メモにまとめていきます。

1　序章

高齢化社会の何が問題なのか？

↓労働力人口が減少、経済活動の停滞、社会保障費の増加

高齢化社会が抱える問題を解決するにはどうすればいいのか？

2　本論

労働力と生産力を向上させなければならない。

65歳以上の人でも働けるような環境づくりをする。

社会保障費の財源を確保する。

3　結論

どうすればよいか？

少子化問題を解決していく必要がある。

● **メモにまとめるときの注意点**

メモはあくまでも自分のための覚え書きです。自分がわかればよいので、細かく丁寧に書いて時間を使う必要はありません。大まかな流れと、各段落に何を書くかがわかるようにまとめましょう。メモには最低限、次の二つは記入する必要があります。

- 段落番号
- 各段落の大まかな内容

さらに、このとき、次のことを確認しましょう。

- 出題の意図から外れていないか？
- 文章の流れはよいか？
- 文章の流れに関係のない事例がまぎれこんでいないか？
- 事例を挙げるだけでなく、自分の意見や考えが書けているか？
- 問題を取り上げた場合、具体的に解決策を示せているか？

3 書く

ブレインストーミングを行い、構成を考えてメモにまとめることができたら、次のような点に注意して、実際に原稿用紙に書き始めましょう。

●形式面でのチェック項目

- □ 原稿用紙を正しく使って書けているか？
- □ 誤字・脱字のない正しい文章が書けているか？
- □ 読みやすい字で丁寧に書けているか？
- □ 文章語（書き言葉）で書けているか？
- □ 文法的に正しく書けているか？
- □ 文章は読みやすく書かれているか？
- □ 文章の組み立てを考えて書かれているか？

書くという作業は、意外に時間のかかるものです。ふだん手書きで文章を書くことの少ない人なら、なおさらそのように感じるでしょう。自分が原稿用紙一枚を書きあげるのにどれくらいの時間がかかるのか、あらかじめ把握しておく必要があります。指定の字数の八割は書かないと減点の対象になるので注意しましょう。

● 文章の書き出し

また、文章の全体の印象を決めるうえで重要になるのが書き出しの部分です。書き出しで問題提起や話題の提示をする方法には、次のようなパターンがあります。

● 問題提起で始めるパターン

「○○のためにはどうすべきか。」といった文章で始めるもので、もっとも基本的なパターンです。

● 自分の体験とからめて語り始めるパターン

時事的な事柄、専門的な事柄に関する出題には向きませんが、個人的な事柄に関する出題の際には有効です。

● テーマに関する背景知識や定義を述べるパターン

テーマが難解なものやあいまいなもの、なじみのうすいものなどの場合に効果的です。

● テーマに対して逆説的なことを言って始めるパターン

世間一般の意見とは逆と思われる意見を提示することで、注意をひきつけることができます。ただし、うまく結論に結びつけることができないと、ただ非常識な印象を与えるだけで終わってしまうことになります。

4 見直す

最後の作業は見直しです。内容面（70ページ）と形式面（77ページ）に挙げたチェック項目に従って見直しましょう。

さて、ここまで小論文を書くための四つのプロセスについて説明してきましたが、小論文試験の制限時間はたいてい60分間です。この四つのプロセスのそれぞれにどれくらいの時間をかけるのか、時間配分を考えて取り組むことが重要です。

●時間配分の例

① ブレインストーミング	15分程度
② 構成を考えてメモにまとめる	20分程度
③ 答案用紙に書く	20分程度
④ 答案を見直す	5分程度

小論文の書き方がわかったら、あとは実際に書いてみましょう。第5章と第6章では、実践編として過去に出題された小論文試験に取り組んでいきます。

第5章

例題

- STEP1
- STEP2
- STEP3

本章では、小論文試験の頻出のテーマ※を取り上げて、高得点をねらえる小論文を書くために必要な事項を具体的に説明します。

※「テーマ」は表記や分量を整えるために一部改変している場合があります。

私の強みと弱み

悪い例

❶私の強みとは何だろう？❷ 私は中学時代からずっと剣道を続けており、長い間、地道な練習を積み重ねてきたと自負している。だから「あなたの強みは何か」と聞かれたら、「努力ができること」という答えになる。毎日
❸、竹刀を握って❹ワザを磨き、昨年、三段に合格することができた。日々の鍛錬が苦にならないのは、小さな努力の積み重ねが大きな結果につながるということを実感しているからだろう❺—自分ではそう思っている。
❻❼そのいっぽうで、私は小さいころから人見知りが激しく、初対面の人と話をするのが苦手だった。しかし、剣道を学んだことで、まず大きな声を出

評価

構成	用法・語法	個性
B	B	A

学生時代から実践してきたことを具体的にあげて述べているのは説得力があってよい。ただ原稿用紙の書き方で誤りが多いのが残念。減点につながるので正しい書き方をマスターしておこう。

❶ 書き始めは一字下げる。

❷ 疑問符（？）や感嘆府（！）は用いない。

❸ 句読点は行頭に書かない。

❹ 「ワザ」「ホメられる」のようにカタカナ表記の多用はせず、漢字で正しく書くよ

すことに抵抗がなくなった。そして、稽古を通じて、きちんとあいさつをするという習慣がついた。「おねがいします」で稽古を始め、「ありがとうございました」で終えると、非常に気持ちがいいものだ。

今でも、正直に言えば、よく知らない人と話すのはあまり得意なほうではない。しかし、最近ではアルバイト先のレストランでも、「あいさつがきちんとしている」、「若いのに接客態度がしっかりしている」などとホメ❹られることが多い。剣道を通じて身についた所作と、鍛錬によって得た自信が、私を支えてくれているのだと思う。これからも、自分の弱みを自覚し、それを強みに変えていけるよう、日々、努めていきたい。

うにしよう。

❺ 思考線（――）や思考点（……）は二字分あてる。

❻ 改行後の段落の書き始めも一字下げること。

❼ 一般的に漢字で書く言葉は漢字で書く。

良い例

私の強みとは何だろう。私は中学時代からずっと剣道を続けており、長い間、地道な練習を積み重ねてきたと自負している。だから、「あなたの強みは何か」と聞かれたら、「努力ができること」という答えになる。毎日、竹刀を握って技を磨き、昨年、三段に合格することができた。日々の鍛錬が苦にならないのは、小さな努力の積み重ねが大きな結果につながるということを実感しているからだろう――自分ではそう思っている。

その一方で、私は小さいころから人見知りが激しく、初対面の人と話をするのが苦手だった。しかし、剣道を学んだことで、まず大きな声を出すこと

解答例から学ぶ

レベルアップ講座

ここがポイント

原稿用紙に正しく書く

原稿用紙の使い方にはルールがある。書き始めと段落の始めは一字下げる。読点、や句点。や鍵括弧「 」は一文字分とするのが決まり。文が行の最後のマス目で終わるときは、文末の処理に注意。読点、句点、かぎかっこは次の行に送らず、最後のマス目に文字と一緒に入れる。

ここもチェック

小論文に題名は書かない

小論文は、一般的な作文などと違い、原稿用紙の一行目に題名を書く必要はない。一行目から書き始めてよい。また感嘆符(!)や疑問符(?)などの記号類は使用しない。また、一人称は「僕」「俺」などは使わずに、「私」を使う。

に抵抗がなくなった。そして、稽古を通じて、きちんとあいさつをするという習慣がついた。「お願いします」で稽古を始め、「ありがとうございました」で終えると、非常に気持ちがいいものだ。

今でも、正直に言えば、よく知らない人と話すのはあまり得意ではない。しかし、最近ではアルバイト先のレストランでも、「あいさつがきちんとしている」、「若いのに接客態度がしっかりしている」などと褒められることが多い。剣道を通じて身についた所作と、鍛錬によって得た自信が、私を支えてくれているのだと思う。これからも、自分の弱みを自覚し、それを強みに変えていけるよう、日々、努めていきたい。

応用

例題で練習しよう

困難を乗り越えた経験とその中から学んだこと／学校時代に学んだこと／高校時代に大切にしていたこと／苦しかったこと楽しかったこと

困難を乗り越えた経験とその中から学んだこと

悪い例

私は、中学、高校、大学の合計10❶年向❷、陸上部に所属し、長距離を専問❸にしてきた。去年は、ついに目標であったフルマラソン完走を果たすことができた。それが、私が最も頑張って乗り越えたことである。

陸上部に所属した中学一年生の春から、私は毎朝のジョギングを日課にしてきた。長距離走の最期になって失速することが多かったので、持久力をつけるために始めたことだった。最初は長い距離を走ることはできなかったが、だんだん走れる距離が長くなってきた。毎朝のジョギングを続けることで、自分に力がついてきていることがわかった。それがうれしか

評価

構成	用法・語法	個性
B	C	B

正しい文章で書くと、読みやすく、理解しやすい文章にまとまる。いくら内容や構成がよくても伝わらなければ意味がない。そのためにも、正しい漢字表記は学習しておこう。

❶ 縦書きのとき、数字は漢数字で書く。

❷ 略字は使わず、楷書で正しく書く。

❸ 誤字は厳禁。同音異義語には注意すること。

❹ 送り仮名は正しく！

た。そして、私は「フルマラソンを完走したい」という夢を抱だく❹ようになった。しかし、陸上部に所属しているといっても、フルマラソンを完走するのは並大抵のことではない。私は何度か挑戦して失敗した。だからこそ、去年、ねんがん❺の完走を果たしたときには、十年来の努力が報われたと思い、非情❸にうれしかった。

「継続は力なり」という言葉があるが、フルマラソン完走という経験を通じて、何事もこつこつ続けることが大事であり、頑張り続けることで結果はついてくるということを、身をもって学んだ。私は此れ❺からも「継続は力なり」という言葉を信じて、努力を続けて困難を乗り越えていきたい。

---

❺ 一般的に漢字で書く言葉は漢字で、漢字で書かない言葉はひらがなで書くようにしよう。

良い例

私は、中学、高校、大学の合計十年間、陸上部に所属し、長距離を専門にしてきた。去年は、ついに目標であったフルマラソン完走を果たすことができた。それが、私が最も頑張って乗り越えたことである。

陸上部に所属した中学一年生の春から、私は毎朝のジョギングを日課にしてきた。長距離走の最期になって失速することが多かったので、持久力をつけるために始めたことだった。最初は長い距離を走ることはできなかったが、だんだん走れる距離が長くなってきた。毎朝のジョギングを続けることで、自分に力がついてきていることがわかった。それがうれしか

解答例から学ぶ

レベルアップ講座

ここがポイント　経験談だけに終始しない

自分の経験だけを書き連ねるだけでは、ピントがずれたものになってしまいがちだ。比重を置くべきなのは経験談よりも、「そこから得た学びや教訓」である。事実関係に字数を割きすぎて、肝心のテーマを十分に伝えきれないという可能性もあるので注意しよう。

ここで差がつく　数字の表記に注意

縦書きの場合、数字は漢数字を使うのが原則。書き方のルールを守ろう。

× 16歳　○ 十六歳
× 1年生　○ 一年生
× 1位　○ 一位

た。そして、私は「フルマラソンを完走したい」という夢を抱くようになった。しかし、陸上部に所属しているといっても、フルマラソンを完走するのは並大抵のことではない。私は何度か挑戦して失敗した。だからこそ、去年、念願の完走を果たしたときには、十年来の努力が報われたと思い、非常にうれしかった。

「継続は力なり」という言葉があるが、フルマラソン完走という経験を通じて、何事もこつこつ続けることが大事であり、頑張り続けることで結果はついてくるということを、身をもって学んだ。私はこれからも「継続は力なり」という言葉を信じて、努力を続けて困難を乗り越えていきたい。

応用

例題で練習しよう

人とのつながりにおいて大切にしていることを実体験を交えて述べよ／あなたが日ごろから心がけていること／責任を持って成し遂げたこと／今まで一番苦しかった経験とそれをどのように乗り越えたか

STEP 1 文章語（書き言葉）で書く

消防士になるにあたっての心構えと抱負について

悪い例

消防士の仕事には、危険がつきものです❶。先日、知り合いの消防官に話を聞く機会がありましたが❶、「火事や地震などの災害現場は、死と隣り合わせだ」とおっしゃっていました❷。生保❸の加入も認められないほど危険な職業だと聞くと、ちょっとびびって❹しまいます。

しかし、人の命を救うことができるこの仕事には、その恐怖を上回るやりがいがあるとも言われました❶。私もその通りだと思います❶。いざという時にその恐怖心に押しつぶされないためには、地道な訓練をしっかりと行うことが大切なのではないでしょうか❶。訓練は、決して多くの人の目に触

評価

構成	用法・語法	個性
B	C	B

小論文では文章を「だ・である」調で書き、文末を統一することが原則。話し言葉や略語を安易に使っていることも気になる。自分の経験をどう活かしたいかを示しているのは好印象。

❶ 小論文の文体は「だ・である」調で統一して書く。

❷ 小論文で敬語を使う必要はない。

❸ 略語は厳禁。正式名称を漢字で正しく書けるようにしておこう。

れるものではありません❶が、一見華やかな救命活動を支えているのは、日々の努力でしょう❶。

私がこれまで打ち込んできた器械体操でも、同じことが言えると私的には❺思います❶。器具からの落下に対する恐怖は、練習量に反比例するのです❶。飽きるほど練習を繰り返した技は、当たり前の動きとして体が覚えているため、ぶっちゃけ❻怖いと感じることはほとんどなくなりました❶。

私が消防士になるにあたって、こうした経験をふまえて、まずは厳しいトレーニングをしっかりと積んで、どんな災害現場でも自信を持って動けるようになりたいと思っています❶。そして、一人でも多くの人の命を救える消防士になりたいものです❶。

---

❹「ちょっと」も「びびって」も口語である。話し言葉で書かないこと。エッセイ風の文体は小論文にふさわしくない。

❺「私的には」も正しい文章語とはいえない。普段、よく使っている言い回しこそ注意したい。

❻「ぶっちゃけ」のような話し言葉や流行語は問題外。軽薄な印象を与えてしまう。

良い例

消防の仕事には、危険がつきものである。先日、知り合いの消防官に話を聞く機会があったが、「火事や地震などの災害現場は、死と隣り合わせだ」と言っていた。生命保険の加入も認められないほど危険な職業だと聞くと、少々ひるむ気持ちも出てくる。

しかし、人の命を救うことができるこの仕事には、その恐怖を上回るやりがいがあるとも言われた。私もその通りだと思う。いざという時にその恐怖心に押しつぶされないためには、地道な訓練をしっかりと行うことが大切なのではないだろうか。訓練は、決して多くの人の目に触れるもので

解答例から学ぶ

レベルアップ講座

ここがポイント

自分の考えを明確に

小論文は作文のように自分の感想や気持ちを書くのではなく、意見や主張をはっきり伝える必要がある。解答例のように「～なのではないだろうか」「～なりたいものだ」といった表現ではなく、「～したい」「～の方がよい」「～と考える」と、自分の考えを明確に書くようにしよう。

ここで差がつく

頻度の高い問題は必ず答えを準備

「消防士になるにあたっての心構えと抱負」という課題は、「志望動機」の質問と同じと考えてよい。それだけにあいまいな表現は禁物。頻度の高い課題なので、必ず答えを準備しておこう。

はないが、一見華やかな救命活動を支えているのは、日々の努力だろう。

私がこれまで打ち込んできた器械体操でも、同じことが言えると思う。器具からの落下に対する恐怖は、練習量に反比例するのである。飽きるほど練習を繰り返した技は、当たり前の動きとして体が覚えているため、怖いと感じることはほとんどなくなった。

私は消防士になるにあたって、こうした経験をふまえて、まずは厳しいトレーニングをしっかりと積んで、どんな災害現場でも自信を持って動けるようになりたいと思っている。そして、一人でも多くの人の命を救える消防士になりたい。

応用

例題で練習しよう

私が目指す消防士像／市民から信頼される消防士とは／消防士という職業を選択するうえで大切なこと／消防士になったら発揮したい私の○○力

STEP 1　文法的に正しく書く

最近の関心を持った出来事について

悪い例

最近、私が関心を持ったのに❶、裁判員制度についてのニュースである。

裁判員制度の導入については、賛否両論あるだろうが、私は裁判員制度の導入を❶賛成である。

裁判員制度の目的とされる❷ところは、裁判が長期化することなく迅速に行われるようにすること、判決に国民の視点や感覚を反映すること、裁判を理解しやすいものにすること、司法に対する信頼を向上させることなどである。裁判官や検察官という法律の専門家によって下された判決は、国民には不可解に思う❷ことも多い。司法に対する理解を深める手段としても、

評価

構成	用法・語法	個性
B	C	B

テーマの選び方は良いが、用法・語法の誤りが目立ち、わかりにくい表現が散見していて残念。正しい文法を意識して、丁寧な表現を心がけよう。

❶ 助詞（て・に・を・は）の選び方は正しく！

❷ 自動詞と他動詞、可能動詞を使い分けよう。

裁判員制度は有効であると考える。

❸そこで、裁判員制度に対して❹広い拒否反応を示している人は多い。刑事裁判に直接的にかかわり、有罪・無罪の判決を下すという重責に対する恐れが背景にあるのかもしれない。また、面倒なことにかかわりたくないという消極的な理由もあるかもしれない。

だが、裁判を受ける権利は、憲法で保障された国民の権利である。それが正しく行使されるためにも、司法に対する理解を深める必要がある。裁判員制度は開始から十年が経ち、今後、どのような影響が司法に❺出たかはわからないが、国民が司法にかかわりを持つことは重要なことであると私は考える。

---

❸接続詞の選び方に注意。前後の文をつなぐのにふさわしい接続詞を用いること。

❹修飾語の選び方にも注意。適切な修飾語を用いよう。

❺時制にも注意。今後の影響を語るところなので、過去形ではなく現在形が正しい。

良い例

最近、私が関心を持ったのは、裁判員制度についてのニュースである。裁判員制度の導入については、賛否両論あるだろうが、私は裁判員制度の導入に賛成である。

裁判員制度の目的とするところは、裁判が長期化することなく迅速に行われるようにすること、判決に国民の視点や感覚を反映すること、裁判を理解しやすいものにすること、司法に対する信頼を向上させることなどである。

裁判官や検察官という法律の専門家によって下された判決は、国民には不可解に思えることも多い。司法に対する理解を深める手段としても、裁判員制

解答例から学ぶ

レベルアップ講座

ここがポイント

助詞と接続詞は正しく使う

小論文試験では、減点につながることのないよう文法は正しく使うようにしたい。助詞の「てにをは」が一文字間違っているだけで、わかりにくい文章になってしまう。

(誤) 導入を賛成
← (正) 導入に賛成

(誤) 夢がつかむ
← (正) 夢をつかむ

また、接続詞は文と文をつなぐ役割を担い、次の文章の行き先を示して文章の流れを整える働きをするものである。小論文のような論理的な文章を書くうえで、重要なパーツともいえる。接続詞を正しく上手に使うことで読みやすい文章になり、反対に使い方を間違えるとわかりにくい悪文にもなってしまうので注意が必要だ。

度は有効であると考える。

しかし、裁判員制度に対して強い拒否反応を示している人は多い。刑事裁判に直接的にかかわり、有罪・無罪の判決を下すという重責に対する恐れが背景にあるのかもしれない。また、面倒なことにかかわりたくないという消極的な理由もあるかもしれない。

だが、裁判を受ける権利は、憲法で保障された国民の権利である。それが正しく行使されるためにも、司法に対する理解を深める必要がある。裁判員制度は開始から十年が経ち、今後、どのような影響が司法に出るかはわからないが、国民が司法にかかわりを持つことは重要なことであると私は考える。

ここで差がつく　**ニュースに関心を持つ**

「関心を持った出来事」という課題は、受験者が選ぶテーマによって、普段から新聞やテレビなどのニュースにふれているかを試す意図もある。書く内容はプライベートなことよりも、新聞の社会面に出てくるような事象を選ぶほうがよい。

応用　**例題で練習しよう**

最近のニュースで印象に残っているもの／善悪について／社会生活と犯罪／○○地震について思うこと／あなたが考える格差社会とは

STEP 1 文章は読みやすく書く①

あなたが感謝していることについて述べなさい

悪い例

良薬は口に苦し❶。まさにその通りだと思う。優しいことを言うのは簡単だ。厳しいことを言ってくれる人❶。これこそが、本当の友❶。自分の身勝手さに気づかせてくれた高校時代の親友❶。今も感謝の気持ちでいっぱいである。

高校時代、私はバレーボール部でレフトアタッカー、親友はセッター❶。一年生の時から、よく二人で一緒に居残り練習をした。どんな時でも、彼は何も言わずにトスを上げ続けてくれた。私がスランプに陥って、バックアタックが決まらなくなってしまった時にも、私が納得するまで、何十本

評価

構成	用法・語法	個性
B	C	C

学生時代の身近な友人との関わりを題材にして述べている点はよい。ただし文章の書き方で、体言止めや思考線、思考点の多用が気になる。論作文としてはふさわしくないので気をつけよう。

❶ 体言止めの多用はせず、効果的に使う。

も打たせてくれた。それなのに私は、彼に感謝の言葉を述べることもしなかった。当たり前のように思っていた。❷心の中では、むしろ「うまく打てないのはあいつのボールが悪いから……❸」などと思っていた。私がそんな自分を深く反省したのは、初めて二人ともレギュラーとして出場した試合の後だった。我ながらいいプレーができて、勝利に貢献できたと満足していた私に、彼が言ったのは――❸「自分一人で勝ったと思うなよ」という一言だった。

その瞬間は反発する気持ちが強かった。されど、❹その後あらためて考えてみて、自分がいかに自己中心的だったかを悟った。そして、耳の痛いことをあえて言ってくれた親友に、今ではとても「感謝」❺している。相手のことを本当に考えたら、時には厳しいことを言うのも大切だと思う。私も必要なことをきちんと言える人でありたい。

---

❷「5W1H」の「何を（What）」が不明確。

❸思考点（……）や思考線（――）の使用は最小限にする。

❹「されど」のような特異な言い回しをわざわざ用いることは避ける。ここは逆接の接続詞なので「しかし、」とする。

❺強調のためのかぎかっこ（「　」）の使用は最小限に。意味なく使用しないこと。

良い例

「良薬は口に苦し」と言うが、まさにその通りだと思う。優しいことを言うのは簡単だ。厳しいことを言ってくれる人こそが、本当の友である。自分の身勝手さに気づかせてくれた高校時代の親友に、今も感謝の気持ちでいっぱいである。

高校時代、私はバレーボール部でレフトアタッカー、親友はセッターだった。一年生の時から、よく二人で一緒に居残り練習をした。どんな時でも、彼は何も言わずにトスを上げ続けてくれた。私がスランプに陥って、バックアタックが決まらなくなってしまった時にも、私が納得するまで、何十

解答例から学ぶ

レベルアップ講座

ここがポイント

経験を思い返しておく

感謝していること、感動したこと、憤慨したことといったテーマの場合、自分の経験から学んだことを思い出して書くと、まとめやすい。

学生時代に努力したこと、友人、先輩、先生から受けた影響と学びなど、それぞれの時代に自分が何を感じ、どのように考えたのか、思い返しておこう。

ここで差がつく

「主語」や「目的語」をきちんと書く

文章はわかりやすくなければいけない。

わかりやすい文章の基本「5W1H」を意識して書くことを心がけよう。

【5W1H】をおさらい！

When　いつ
Where　どこで
Who　だれが

本も打たせてくれた。それなのに私は、彼に感謝の言葉を述べることもしなかったし、彼の厚意を当たり前のように思っていた。心の中では、むしろ「うまく打てないのはあいつのボールが悪いからだ」などと思っていた。私がそんな自分を深く反省したのは、初めて二人ともレギュラーとして出場した試合の後だった。我ながらいいプレーができて、勝利に貢献できたと満足していた私に、彼が言ったのは、「自分一人で勝ったと思うなよ」という一言だった。

その瞬間は反発する気持ちが強かった。しかし、その後あらためて考えてみて、自分がいかに自己中心的だったかを悟った。そして、耳の痛いことをあえていってくれた親友に、今ではとても感謝している。相手のことを本当に考えたら、時には厳しいことを言うのも大切だと思う。私も必要なことをきちんと言える人でありたい。

What　何を
Why　なぜ
How　どのように

応用

例題で練習しよう

あなたが感動したこと／最近憤慨したこと／高校時代に大切にしていたこと／私にとっての友人／苦しかったこと楽しかったこと

STEP 1 文章は読みやすく書く②

仕事に対する夢

悪い例

私の仕事に対する夢は、救急救命士になって、救急の現場で多くの人命を救助することである。❶私は救急救命士という職業に対する憧れを抱いていて、この職業のやりがいについて書く前に、その憧れを抱くようになったきっかけについて述べたい。

❷高校生の時、同居していた祖父が夜中に急に倒れて、救急車を呼んだことがあったのだが、その時に駆けつけてくれた救急隊員が非常に冷静で、私も含めた家族が動揺している中、その場で適切な処置を施してくれたため、祖父は一命を取り留めた。❸担当の医師は、初期対応が良かったため、

評価

構成	用法・語法	個性
B	B	A

救急救命士という具体的な職種をあげて、憧れを抱いたきっかけから展開させていて分かりやすい。実際の職務内容や現状にも目を向けてまとめられている点もよい。

❶散漫な印象にならないように、同じことを表している内容はまとめて書くこと。

❷一文が長すぎる。適度に文を分けること。

❸主語と述語は、近くに置くと意味がわかりやすくなる。

退院後の回復も早く、後遺症もほとんど無かったのだと話していた。

　私はこの時初めて、救急救命士という職業があることを知った❹。そして、かつて救急隊員は医療行為を行うことが許されていなかったことも知った❹。さらに、救命率向上のためには、病院に運ばれるまでの間の救護である「プレホスピタルケア」が重要であり、近年、「救急救命士」の身分が制定され、一部の医療行為を行えるようになったことも知った❹。現在も法律上さまざまな制約があるとは言え、病気や交通事故、災害などで通報があった時に、現場に最初に駆けつけて目の前の命を救うことに貢献できるならば、それはとてもやりがいのある仕事だと思う。私は、さまざまな救護法や医療に関する知識を身につけ、信頼される救急救命士になりたい。

❹ 同じ表現を繰り返すと、稚拙な印象を与えることがある。表現を工夫してみよう。

良い例

私の仕事に対する夢は、救命救急士になって、救急の現場で多くの人命を救助することである。救急救命士のやりがいについて書く前に、私がこの職業に対する憧れを抱くようになったきっかけについて述べたい。

高校生の時、同居していた祖父が夜中に急に倒れて、救急車を呼んだことがあった。その時に駆けつけてくれた救急隊員が非常に冷静で、私も含めた家族が動揺している中、その場で適切な処置を施してくれたのだ。そのため、祖父は一命を取り留めた。初期対応が良かったため、退院後の回復も早く、後遺症もほとんど無かったのだと担当の医師は話していた。

解答例から学ぶ

レベルアップ講座

ここもチェック

一つの文や段落を長く書きすぎない

文章が長くなってしまうことはよくあるが、短く書くことを意識するとわかりやすい文章になる。

ここがポイント

自分の価値観を述べる

「仕事に対する夢」という課題の場合は、消防官あるいは救急救命士といった関連する仕事にストレートに結びつけるパターンがもっとも多く、一般的なアプローチのしかたといえる。それだけに、このような課題が出た場合は、ありがちな論作文にならないように気をつけたい。自分の価値観をしっかり書けるように準備しておこう。

応用

例題で練習しよう

消防士としてやりたいこと／私の夢／将来へのあこがれ／

私はこの時初めて、救急救命士という職業があることを知った。驚くことに、かつて救急隊員は医療行為を行うことが許されていなかったという。救命率向上のためには、病院に運ばれるまでの間の救護である「プレホスピタルケア」が重要である。近年、プレホスピタルケアの担い手として「救急救命士」の身分が制定され、一部の医療行為を行えるようになったのである。現在も法律上さまざまな制約があるとは言え、病気や交通事故、災害などで通報があった時に、現場に最初に駆けつけて目の前の命を救うことに貢献できるならば、それはとてもやりがいのある仕事だと思う。私は、さまざまな救護法や医療に関する知識を身につけ、信頼される救急救命士になりたい。

私の理想／理想の人物像／自分が思い描く将来の○○市

組織をまとめるために必要なこと

悪い例

❶

私は学生時代、監督不在のサッカー部のキャプテンとして、チームを一つにまとめてリーグ優勝という結果を出すにはどうすればよいかを考え続けた。まず、リーダーは組織のメンバー全員の様子に気を配らなければならないと思う。私は、悩みや不満を抱えている選手がいれば話を聞き出せるよう、日ごろから本音を出し合える関係を築いておくことを心がけた。

❷組織をまとめるために必要なのは、リーダーが広い視野を持つことだと考える。中心的な選手だけでなければ、チームは最大の力を発揮できる。また、未来に対して常に最悪の場合を想定して準備しておくことも大切である。

評価

構成	用法・語法	個性
B	B	A

学生時代から実践してきたことを具体的に述べているのは説得力があってよい。ただし、最初の段落が長いので段落を分け、さらに文章の構成を入れ替えるともっと良くなる。

❶段落が長すぎる。内容のまとまりごとに適度に改行して、いくつかの段落に分けるようにする。

❷テーマについての自分の考えは序論で表明しておくと、主張が伝わりやすくなる。

私は、試合ごとに頭の中でさまざまなシミュレーションをしておき、誰がけがをしても誰が退場となっても対応できるようにしておいた。そのおかげで、最終戦でのエースストライカーの故障退場という危機的状況も冷静に乗り切ることができて、全勝優勝という目標を達成することができた。

私は学生時代の部活動を通じて、リーダーとして組織全体を見渡し、先を見通すことの大切さに気づいた。このようにして学んできたことを、消防の仕事でも活かしたい。❸視野の広さとリスクマネジメント能力は、どんな組織においても必要だと思う。

❸締めの文章としては印象が弱い。一つ前の文を締めに持ってきたほうが効果的である。

良い例

組織をまとめるために必要なのは、リーダーが広い視野を持つことだと考える。私はこのことを、学生時代の部活動を通して学んだ。監督不在のサッカー部のキャプテンとして、チームを一つにまとめてリーグ優勝という結果を出すにはどうすればよいかを考え続けた。その結果、私は、リーダーとして組織全体を見渡し、先を見通すことの大切さに気づいたのである。

序論

まず、リーダーは組織のメンバー全員の様子に気を配らなければならないと思う。私は、悩みや不満を抱えている選手がいれば話を聞き出せるよう、日ごろから本音を出し合える関係を築いておくことを心がけた。中心的な選

本論

解答例から学ぶ

レベルアップ講座

ここがポイント

構成を考えてから書く

小論文で文章の構成はとても大切だ。「悪い例」ではいきなり学生時代の話から書き出しているが、「組織をまとめるために必要なこと」についての立場や自分の考えを冒頭に持ってきたほうが言いたいことが伝わる文章になる。

ここで差がつく

三部構成でまとめる

八〇〇字程度の小論文では、「序論→本論→結論」の三部構成がまとめやすい基本パターンといえる。

序論　問題を提起、提案（こんな問題がある、こうしたらよいと考える）

本論　根拠、原因分析（そのように考えた理由など）

結論　まとめ（自分なりの解決策、決意表明など）

手だけでなく、ベンチのスタッフも含めて全員で試合に臨むのだという気持ちを共有できれば、チームは最大の力を発揮できる。

また、未来に対して常に最悪の場合を想定して準備しておくことも大切である。私は、試合ごとに頭の中でさまざまなシミュレーションをしておき、誰がけがをしても誰が退場となっても対応できるようにしておいた。そのおかげで、最終戦でのエースストライカーの故障退場という危機的状況も冷静に乗り切ることができて、全勝優勝という目標を達成することができた。

このような視野の広さとリスクマネジメント能力は、どんな組織においても必要だと思う。このようにして学んできたことを、消防の仕事でも活かしたい。

結論

応用

例題で練習しよう

消防組織としてチーム力を高めるために大切なこと／あなたが人とのつながりにおいて大切にしていること／あなたが仲間と協力して取り組んだ経験の中で一番印象に残っていること

効率的な行政運営のために何をすべきか、あなたの考えを述べなさい

悪い例

❶ 行政サービスは、地域住民の暮らしに必要な最低限度のものから、暮らしをより豊かにするためのものまで、多岐にわたっている。財政赤字を慢性的にかかえている地方自治体は、まずは行政サービスの内容そのものの見直しを行う必要があるだろう。例えば地方自治体が主催する講演会やイベントに対する需要は本当にあるのか、公共施設の中に不必要なものはないのかといったことをつぶさに検討すべきである。

❷ 近年、各地の自治体の財政悪化が報道されている。❶ 財政破綻した夕張市の例をあげるまでもなく、財源である住民の税金が有限である以上、効率

評価

構成	用法・語法	個性
C	B	B

良いテーマを選んでも、全体の構成が良くないと自分が伝えたいことは読み手に正しく伝わらない。読む人が理解しやすいまとめかたにすることも小論文では大切だ。

❶「テーマの提示」→「具体的な考察」という流れのほうが、理解しやすい文章の組み立てになる。

❷ 接続後を用いたほうが、文のつながりが明確になる。

的に行政を運営する必要があることは周知の事実である。❸行政サービスは公共性のある事業ゆえに、すべてを効率性や経済性の観点から論じることは危険ではあるが、自治体ももっと民間企業の支店を採り入れるべきであると私は考える。

❷民間委託や市民との協働によって運営のスリム化を図るべきである。武蔵野市ではコミュニティセンターの運営を地域住民に任せることで、市民のニーズを取り入れた効率的な運営を実現している。

❷民間企業においては、効率性や経済性は常に意識されている。そうしなければ、経営が成り立たないからである。

❸結論を述べるのは最終段落がよい。

良い例

近年、各地の自治体の財政悪化が報道されている。財政破綻した夕張市の例をあげるまでもなく、財源である住民の税金が有限である以上、効率的に行政を運営する必要があることは周知の事実である。

そもそも行政サービスは、地域住民の暮らしに必要な最低限度のものから、暮らしをより豊かにするためのものまで、多岐にわたっている。財政赤字を慢性的にかかえている地方自治体は、まずは行政サービスの内容そのものの見直しを行う必要があるだろう。例えば地方自治体が主催する講演会やイベントに対する需要は本当にあるのか、公共施設の中に不必要なものはないの

序論

解答例から学ぶ

レベルアップ講座

ここがポイント

箇条書きで思いつくまま書く

一見、難しく思える課題でも、まず思いついたことを箇条書きにしてみよう。書き出した項目の中で、特に自分が重視する点を中心に文章をまとめるとよい。

ここもチェック

接続詞の使い方

接続詞を上手に使うために、次のポイントをおさえておこう。

多用を避ける
使いすぎはくどい文章になりがち。かえってわかりにくい文章になる。

できる限り減らす
読み手に意味が伝わるようなら削ってよい。
多用しがちな接続詞：「そして」「また」「それに」「さらに」「そこで」「なぜなら」

効果的な逆説の接続詞
「しかし」「ところが」のよ

かといったことをつぶさに検討すべきである。

そのうえで、民間委託や市民との協働によって運営のスリム化を図るべきである。武蔵野市ではコミュニティセンターの運営を地域住民に任せることで、市民のニーズを取り入れた効率的な運営を実現している。

民間企業においては、効率性や経済性は常に意識されている。そうしなければ、経営が成り立たないからである。行政サービスは公共性のある事業ゆえに、すべてを効率性や経済性の観点から論じることは危険ではあるが、自治体ももっと民間企業の視点を採り入れるべきであると私は考える。

本論　結論

うに、次の文章が反対の関係であることを示す接続詞を使うことで、文章の流れがわかりやすくなる。

応用

例題で練習しよう

地域の人々が消防官に求めるものとは／地球に生きる一人の人間として「もったいない」と感じることを述べよ／情報社会とプライベートについて

STEP 2 自己の内面をアピールして書く①

あなたのモットーを一つ挙げ、その理由とともに仕事での活かし方についてあなたの考えを述べよ

悪い例

❶私はあまり明るい人間ではないが、だからこそ、できるだけ笑顔でいるということをモットーにしている。その方が、自分にとっても周りの人にとってもプラスになることが多いからだ。笑顔の大切さは学生時代、アルバイトや部活動などを通して学んだ。

例えば、アルバイト先のファーストフード店の店長には、❷「どうせやるなら、笑顔で『はい』って言ってからやってごらんよ。絶対いいことあるから。」と言われた。その後、仕事を頼まれたときに笑顔で受け答えをするようになったら、ほかのスタッフから「ありがとう。助かるよ。」「気持

評価

構成	用法・語法	個性
B	B	C

序論から結論への文章の構成は悪くはないのだが、ネガティブな表現や、具体例に字数を割きすぎて、肝心な内容まで論じきれていない。説得力に欠ける文章になっているのが残念だ。

❶ ネガティブなことは、極力書かないようにする。

❷ 具体例が列挙されているが、内容が掘り下げられていないため、説得力がない。述べたい内容を絞り込もう。

ちいい返事だね。」などと言ってもらえるようになった。スタッフ同士のチームワークが良くなり、売り上げが上がった。また、高校の野球部では、チームがピンチの時に補欠だった私がベンチから笑顔で声を出し続けたことが、チームを一つにまとめたのだと卒業時に監督に言われた。甲子園出場の夢は果たせなかったが、チームワークは抜群に良かったと自負している。

消防での救助活動の際には、笑顔は必要ないと言われるかもしれない。❸しかし、笑顔の嫌いな人はいないだろう。自分のモットーとして、仕事の中でも活かしていきたい。

❸結論が弱い。自分のモットーを消防の仕事にどう活かしたいのかを示そう。

良い例

私のモットーは、「どんなときも笑顔を忘れない」である。いつも笑顔でいたほうが、自分にも周囲にもプラスになることが多いと思うからだ。

笑顔の大切さは学生時代、アルバイトを通して学んだ。

私が働いていたのは、駅前にあるファーストフード店である。休日の昼時などは大混雑になり、スタッフはお互いに余裕がなくなってしまう。私もほかのスタッフにゴミ袋の交換や掃除を頼まれたとき、無意識に眉間にしわを寄せてしまっていた。そんな私に、ある日店長が言った。「どうせやるなら、笑顔で『はい』って言ってからやってごらんよ。絶対いいこと

解答例から学ぶ

レベルアップ講座

ここがポイント

具体例から掘り下げて書く

具体例を羅列するだけでは、内容の薄い文章になってしまう。なぜ、「笑顔でいること」を自分のモットーにしようと考えたかについて、もっと深く掘り下げて書くとよい。「自分のモットー」のような課題は、自分自身の考えをまとめればよいので、着眼点さえ間違えなければ、比較的書きやすいテーマといえる。自分の身近なことや経験したことなど具体例を盛り込めば、説得力のある文章になるはずだ。

ここもチェック

ネガティブな表現は避ける

小論文試験では、ネガティブな表現はあいまいな表現はマイナスの印象を与えてしまうこともあるので注意したい。解答例のように、自分の欠点を書く必要もなく、謙遜する

あるから。」

最初は半信半疑だったが、とにかく言われたとおり、仕事を頼まれるたびに笑顔で答えるようにしてみた。すると、まず自分の気持ちに変化が起きた。「忙しいからこそ、やってやろう」と思えるようになったのだ。そしてほかのスタッフからも「ありがとう、助かるよ。」「気持ちのいい返事だね。」などと言ってもらえるようになり、自然とチームワークが良くなっていった。その後の売り上げの上昇も、これと無関係ではないと思う。

消防での救助活動の際には、笑顔は必要ないと言われるかもしれない。しかし、シビアな現場だからこそ、日ごろの笑顔によって仲間と良好な関係を築き、救助活動に生かすことができるのではないかと考えている。

必要もない。マイナス思考にならないことが大切である。前向きな気持ちで、自分の考えを素直に書ければ、よりよい論作文になる。

応用

例題で練習しよう

あなたが日ごろから心がけていること／今までの自分、これからの自分／私が常に心掛けていること／社会人として何を大切にして仕事をしていきたいか

STEP 2　自己の内面をアピールして書く②

これから挑戦したいこと

悪い例

　私が挑戦してみたいと思っていることは、一人旅である。❶私はもともと一人でいることが好きで、大勢の人と長く一緒にいると息が詰まってしまう。これまでに何人かで一緒に旅をしたことはあるが、❶どこかへ行くのにみんなの希望を聞いて決めるというのが、わずらわしくて仕方がなかった。旅は、自由気ままにしたいと私は考えている。

　このような私に一人旅は向いていると思うが、❷面倒くさいことが嫌で、これまで一人で旅をしたことがなかった。一人旅というと、すべてを自分の手でしていかなければならない。だれかに頼ったり、任せたりというこ

評価

構成	用法・語法	個性
B	B	C

自己の内面をアピールするという観点から見ると、この論作文は成功しているとは言えない。自分の性格について自己分析したことを何でも正直に書けばいいというものではない。

❶ 組織の中で働くうえでは「協調性」が求められる。この文章では協調性のない自己中心的な人物と判断されるおそれがある。プラスの印象を持ってもらえるように書き直そう。

❷ 面倒くさがりという特性は、採点者にアピールしないほ

とができない。しかし、ぜひ一度、一人旅に挑戦してみたいと思っている。なぜなら、一人旅にはそれだけの価値と魅力があると思うからである。

一人旅の中では、さまざまな出会いと発見があるだろう。また、さまざまな困難にぶつかることにもなるだろう。❸それを自分一人の力で乗り越えなければならないのは、大変なことだろうと思う。それでも、知らない人と会話をし、初めての街を歩くことで、知らなかったことを知り、得るものがたくさんあるだろう。私は、❹一人旅の楽しさと喜びを知るためにも、ぜひとも一人旅に挑戦してみたいと思っているのである。

うがよい。

❸「挑戦したいこと」というテーマには沿っているが、考察が足りず、一般論になってしまっている。

❹結論が弱い。なぜ一人旅がしたいのか、もっと説得力のある理由を見つけよう。

良い例

私が挑戦してみたいと思っていることは、一人旅である。これまでに何人かで一緒に旅をしたことはあるが、一人旅はまだ経験したことがない。自由気ままに旅をするのはどんな気持ちなのだろう。私は一人でいることが苦にならない。孤独は、人を成長させると考えているからだ。

このような私に一人旅は向いていると思うが、時間を作ることができずに、これまで一人で旅をしたことがなかった。一人旅というと、すべてを自分の手でしていかなければならない。誰かに頼ったり、任せたりということができない。しかし、ぜひ一度、一人旅に挑戦してみたいと思ってい

解答例から学ぶ

レベルアップ講座

ここがポイント

一般論に終始しないように気をつける

「私の～」「自分の～」で始まる課題が出されることは多い。こうした個人の考えや価値観を問われるテーマで注意しなければならないのは、抽象論、一般論に陥りがちになるということだ。

もっと自分自身のことに引き寄せて述べるようにすると、説得力が増す。

ここで差がつく

事前の準備が重要

よく出題される課題については、あらかじめどのようにまとめるか考え、準備しておくことが大切。自分自身のこれまでの経験や性格について、しっかり自己分析を行っておくとよいだろう。

ただし、悪い例のように、協調性に欠けると判断されるような内容や、「面倒くさいことが嫌」というようなネガ

る。なぜなら、一人旅にはそれだけの価値と魅力を感じるからである。

一人旅の中では、様々な出会いと発見があるだろう。また、さまざまな困難にぶつかることにもなるだろう。それを自分一人の力で乗り越えなければならない。しかし、もし自分一人の力で問題を解決することができたなら、私はきっと旅の前よりも成長しているだろう。知らない人と会話をし、知らない街を歩くことで、知らなかったことを知り、得るものがたくさんあるだろう。私は、一人旅を通じて自分自身が成長できるのではないかと期待している。一人旅を通じて一回り大きな人間になるためにも、ぜひとも一人旅に挑戦してみたいと思っているのである。

ティブな特性は、あまり良い印象にはならないので表現に注意しよう。

応用

例題で練習しよう

最近感動したこと／自分の長所と短所／これまでで一番頑張ったこと／今まで一番苦しかった経験／私が責任を持って成し遂げたこと

あなたが人に誇れるもの

悪い例

❶私は立派な人間ではないので、これといって人に誇れるようなものなどない。しかし、強いて言うならば、忍耐強さという点に関しては、人に誇れる美徳があるのではないかと思う。私はこれまで、何かを途中で投げ出すようなことは❷してこなかったつもりである。どんなに大変なことでも、最後まで❷やりとおしてきたと思う。私がそうするのは、結果は最後までわからないと思うからである。

こうした考えを持つようになったのは、中学時代での部活での経験が大きい。私はテニス部に所属していたのだが、部活内での人間関係に悩み、

評価

構成	用法・語法	個性
B	C	B

題材の選び方や内容というよりも、謙遜な表現が目立つことが気になる。小論文試験では、自分の考えを明確に伝えることが重要なので、謙遜な表現は不要である。

❶謙虚さをアピールしようとしたのかもしれないが、弁解がましく、かえって悪印象を与えてしまう。

❷優柔不断な印象を与えないためにも、はっきりと言い切ることが必要。

何度か退部することを考えた。だが、私は途中でやめるような中途半端なことはしたくないと思い、最後まで続けた。そのうちに、対立していた人物とのわだかまりが解けていき、引退を迎えるころには、お互いのことをかけがえのない仲間とまで思えるようになっていた。

この経験は、現在の私の糧になっている。❶人のことをどうこう言える立場の人間ではないが、私は物事を途中で投げ出す人間を好まない。しかし今の時代、簡単に物事を投げ出してしまう人間があまりにも多いのではないかと思う。それでは何も得ることはできないのではないだろうか。どんな大変なことでも最後までやりとおすことで、何かしら得られるものが必ずあるはずである。❸くどくどと語ってしまったが、忍耐強さ、これが私の誇りとすることである。

❸こうした断り文句も不必要。余計なことは書かず、必要なことだけを簡潔に書くようにする。

良い例

私が人に誇れるものについて考えたとき、確かに誇れるものが一つある。それは、忍耐強いということである。私はこれまで、何かを途中で投げ出すようなことはしてこなかった。それを、自らの美徳としている。私は、どんな大変なことであっても、最後までやりとおしてきた。私がそうするのは、結果は最後までわからないと思うからである。

こうした考えを持つようになったのは、中学時代の部活での経験が大きい。私はテニス部に所属していたのだが、部活内での人間関係に悩み、何度か退部することを考えた。だが、私は途中でやめるような中途半端なこ

解答例から学ぶ

レベルアップ講座

ここがポイント

謙遜せずに素直にアピール

「人に誇れるもの」と問われると、何か立派なことを書かなければと思い、つい構えてしまいがちだが、そんなに難しく考えなくてもよい。日々の習慣や、自分が日ごろからしていること、思っていることなどがあるはずだ。

また、試験で謙虚さをアピールしようとして謙遜しすぎると、かえってマイナスの印象を与えてしまう。試験で謙遜は不要である。自分の考えを素直に書ければ、説得力のある文章になり、それが個性のアピールにもつながる。

ここもチェック

意見や主張を明確にする

小論文は、作文のように自分の感想や気持ちを書くのではなく、意見や主張を明確に伝えることが大切。

たとえば、これまでの自分を

とはしたくないと思い、最後まで続けた。そのうちに、対立していた人物とのわだかまりが解けていき、引退を迎えるころには、お互いのことをかけがえのない仲間とまで思えるようになっていた。

この経験は、現在の私の糧になっている。私は自分が途中で何かを投げ出すということをしないがゆえに、物事を途中で投げ出す人間を好まない。しかし、今の時代、簡単に物事を投げ出してしまう人間があまりにも多いのではないかと思う。それでは何も得ることはできないのではないだろうか。どんな大変なことでも最後までやりとおすことで、何かしら得られるものが必ずあるはずである。忍耐強さ、これが私の誇りとすることである。

振り返って書くときは「〜してきたつもりである」「〜やりとおしてきたと思う」といったあいまいな表現ではなく、「〜してきた」「〜やりとおしてきた」など、はっきりと言い切るとよい。

応用

例題で練習しよう

苦しい経験から学んだこと／私が責任を持って成し遂げたこと／困難にどう立ち向かうか／価値観が変わった経験／あきらめないということ

STEP 2 自己の内面をアピールして書く④

チームワークを高めるために必要なことについて、あなたの考えを述べよ

悪い例

社会人として組織で働くうえで、チームワークは非常に重要である。周囲の人たちとの協力がなければ、良い仕事というものはできない。特に消防官として働くうえでは、職場の同僚とのチームワークが不可欠なものとなる。なぜなら、消防の現場では、チームワークの乱れから起こるささいなミスが、大事故につながってしまう恐れがあるからだ。

そのチームワークを高めるために必要なのは、厳しい訓練を共に経験することだと思う。学生時代に所属していたラグビー部での経験からも、仲間との信頼関係は、苦楽を共にすることで築かれるものだという実感があ

評価

構成	用法・語法	個性
B	A	C

チークワークについて消防官の仕事にからめて述べているが、断定的な表現をしすぎないように注意しよう。いくつもの角度から考察し、実際の職務内容に目を向けてまとめてみよう。

る。❶私は、どんな時でもチームワークを最優先にしていかなければならないと考えている。個人プレーはチームワークを乱すものであり、絶対に避けなければならない行為だ。

その点において、❷私という人間は、個人プレーに走ることもなく、穏やかで人に好印象を持たれやすい人間である。それに加えて、私は、どんなときにも協調性を忘れずにいる自信がある。私はこれまでに、集団の輪を乱したことは一度もない。❸チームワークが必要となる消防官としては、最適の人材なのではないだろうか。

---

❶個人プレーが必要になる場面もあるはずだ。例外を認めようとしない姿勢が、視野の狭さを感じさせてしまう。

❷自画自賛しすぎである。自己認識が甘い人間とみなされてしまう。欠点を書く必要はないが、欠点を認める客観的な視点は必要である。

❸小論文試験は採用試験の一環ではあるが、あからさまな自己アピールは悪印象。チームワークを高めるために自分のすべきことなどを書くようにしよう。

良い例

社会人として組織で働くうえで、チームワークは非常に重要である。周囲の人たちとの協力がなければ、良い仕事というものはできない。特に消防官として働くうえでは、職場の同僚とのチームワークが不可欠なものと考える。なぜなら、消防の現場では、チームワークの乱れから起こるささいなミスが、大事故につながる恐れもあるからだ。

そのチームワークを高めるために必要なのは、厳しい訓練を共にすることだと思う。学生時代に所属していたラグビー部での経験からも、仲間との信頼関係は、苦楽を共にすることで築かれるものだという実感がある。

解答例から学ぶ

レベルアップ講座

ここがポイント

謙虚な態度を心がける

「チームワークを高めるために必要なこと」といった課題は、消防官を目指す受験者の資質が問われていると考えてよい。出題者の意図を捉えながら、自分の考えをうまくまとめよう。

はじめの段落で消防官という職業におけるチームワークの大切さを述べているが、現時点では消防官ではなく、あくまで消防官志望者であるということを忘れずに、謙虚な姿勢を心がけよう。

ここで差がつく

自画自賛のしすぎはNG

「私は、どんなときにも協調性を忘れずにいる自信がある」や「私はこれまでに、集団の輪を乱したことは一度もない」といった独りよがりな表現も気になる。自己アピールのしすぎはかえってマイナ私は、チームワークを高めるためには、協調性のない行動は控えるべきだと考える。個人プレーが必要なときもあるだろうが、自分勝手な個人プレーはチームワークを乱すものであり、避けるべき行為だ。

結局、協調性とは周囲への気遣いができるかどうかという点にかかわってくると思う。私は、これまでにむやみに集団の輪を乱すことのないように、周囲の人間に対する配慮を忘れないように心がけてきた。消防官としてチームワークを高めることができるよう、今後も周囲への気遣いを忘れずにいたい。

スの印象になることもあるので気をつけたい。

逆に、謙遜のしすぎや、慎重になりすぎて「自分はまだ何も知らない」「自分が言うのもおこがましいが」など、謙虚というより卑屈にすら感じてしまうような表現も避けたほうがよいだろう。「何も知らない」では仕事へのやる気さえも疑われてしまう。

知識はあっても、現場を知らない。そのことをわきまえて、消防官への夢や希望、熱意を伝えよう。

応用

例題で練習しよう

チームワークが良いとはどのような状態だと思うか／人とのつながりにおいて大切にしていること／チームの目標を達成するために必要なこと

STEP 2 職業観をふまえて書く①

公務員の原点は「市民全体への奉仕者」にあるが、このことについてあなたはどのように考えるか

悪い例

公務員とは「公僕《こうぼく》」であり、そうであるからには、すべての市民のために公平に奉仕しなければならない。しかし、この「公平に」というものが厄介で、公務員は柔軟性に欠けるところがあるように思える。

これからの公務員には、❶ときにはルールを破るくらいの柔軟さも必要なのではないか。変化が激しく、ライフスタイルが多様化している現在、すべての人に同じように対応していたのでは、市民が望むような行政サービスを提供することはできない。公務員は、市民の利益を第一に優先して行動すべきであると私は考える。個々の実情に応じて、臨機応変に対応でき

評価

構成	用法・語法	個性
B	C	B

どんな課題に対しても公務員の立場を踏まえた視点が必要。あまり自分の考えに固執しすぎることなく、他人の意見も聞き入れ、柔軟な考え方ができるようにしておこう。

❶ 法令に従う義務のある公務員に対し、ルールを破ることを推奨するのはあまりにも型破りな提言である。

るような公務員が、今の時代には求められているのではないだろうか。

したがって、私は自ら考え自ら行動することのできる人間こそが、市民に求められている「公務員像」なのではないかと考える。公的な機関にはいろいろな決まりごとや制約があるが、❷それをひたすら遵守するのは低俗な者のすることだ。行動の是非は、自分で考えて、自主的に判断すべきである。そして、❸自分が正しいと思ったならば、周囲の反対があったとしても自分が正しいと思うことを遂行しなければならない。私は、公務員として働くうえで、自ら考え自ら行動することを大事にしていきたい。

❷論調が過激になりすぎないように注意！

❸「正しさ」の根拠をどう判断するのかが述べられていないため、独善的な印象を与える。

良い例

公務員とは「公僕《こうぼく》」であり、そうであるからには、すべての市民のために公平に奉仕しなければならない。しかし、この「公平に」というものが厄介で、公務員は柔軟性に欠けるところがあるように思える。

これからの公務員には、状況に応じた対応のできる柔軟さも必要なのではないか。変化が激しく、ライフスタイルが多様化している現在、すべての人に同じように対応していたのでは、市民が望むような行政サービスを提供することはできない。公務員は、市民の利益を第一に優先して行動すべきであると私は考える。個々の実情に応じて、臨機応変に対応できるような公務員

解答例から学ぶ

レベルアップ講座

ここがポイント

公務員としての立場を考える

公務員としての職業観を問う課題は出題頻度高いので、公務員としての立場、考え方、立ち居振る舞いについて、日ごろから考えておくことが大切。

ここで差がつく

新聞やニュースを読む習慣をつける

過激で型破りな論調は個性的に見えるが、公務員という立場で鑑みて適切かどうかの判断が必要。自分の思い込みだけでまとめず、新聞やニュースを読む習慣をつけ、見聞を広げよう。

しかし、事実だけをだらだらと書き連ねるだけではピントがぼやけた文章になってしまう。比重が置かれるべきものは「そこから得た学び」である。事実関係を多く書きすぎてテーマを十分に伝えきれないこともあるので注意しよう。

が、今の時代には求められているのではないだろうか。

したがって、私は、自ら考え自ら行動することのできる人間こそが、市民に求められている「公務員像」なのではないかと考える。公的な機関にはいろいろな決まりごとや制約があるが、それをひたすら遵守するばかりでは、個々の実情に沿わないことも出てくる。行動の是非は、自分で考えて、自主的に判断すべきである。そして、ただ「決まりだから」という理由だけで国民の不利益になるようなことが生じるとき、柔軟に対応することが公僕としての本来のあり方なのではないか。私は、公務員として働くうえで、自ら考え自ら行動することを大事にしていきたい。

応用

例題で練習しよう

あなたは他の人と協力して活動する必要があるとき、どのようなことを心がけますか／消防士という職業を選択するうえで大切なこと

STEP 2 職業観をふまえて書く②

あなたが考えるこれからの消防職員の資質とは

悪い例

❶消防職員と言えば、やはり銀色の防火服を着た消防隊員だろう。私は、子どもの頃から火災現場で活躍する消防官にあこがれていた。多くの人の命と財産を火災などから救える立派な消防官になりたいと思っている。消防職員に必要な資質としてまず考えられるのは、厳しく地道な訓練に耐える強靭な心と体である。私は長い間、柔道で心身を鍛えてきたので、その点では自信がある。❷最近、市民による消防活動などが熱心に呼びかけられているが、しっかりとしたトレーニングを積んだプロの消防官がいれば、市民はどんな災害も恐れる必要はないだろう。

評価

構成	用法・語法	個性
C	B	C

例文の全体を通して消防官の職務と真摯に向き合う姿勢が感じられず、専門知識をきちんと身につけられているか、疑わしい。また論理が飛躍しすぎて、客観性に欠けている点も気になる。

❶幼い頃のあこがれが先行していて、消防職員の職務をあまり理解していないのではないかと取られかねない。

❷消防官の能力に対する過信が感じられる。消防官は市民と協働して防災に努める姿勢も重要。

また、近年は消防の現場にもハイテクを駆使した最新機器が導入されてきている。地震後の救助活動中の二次災害を防ぐために余震を感知する「地震警報機」や、倒壊家屋の下敷きになった要救助者を探す「画像探索機」といった優れた機器があるが、こういった物も使いこなせなければ宝の持ち腐れである。こうした機器を積極的に取り入れる姿勢も必要だろう。

❸したがって、これからの消防職員に必要な資質は、鍛えられた精神と肉体、および新しいものに対する適応力であると考える。その意味で、若者に向いた職業だと言えるだろう。

❸最後の一文は、職務の一部だけに着目した、独善的な結論である。論理も飛躍しており、客観性に欠ける。

良い例

消防職員に必要な資質としてまず考えられるのは、厳しく地道な訓練に耐える強靭な心と体である。私は長い間、柔道で心身を鍛えてきたので、その点では自信がある。しかし、今後必要になってくる資質に着目するならば、新しい物に対する適応力とコミュニケーション能力だと考える。

近年は消防の現場にもハイテクを駆使した最新機器が導入されてきている。地震後の救助活動中の二次災害を防ぐために余震を感知する「地震警報機」や、倒壊家屋の下敷きになった要救助者を探す「画像探索機」といった優れた機器があるが、こういった物も使いこなせなければ宝の持ち腐れ

解答例から学ぶ

レベルアップ講座

ここがポイント

説得力のある文章を書く

専門知識を正しくおさえているかどうかで、文章の説得力にも差が出てくる。なぜなら、説得力のある文章を書くには、理由や根拠を具体的に示す必要があるからだ。さらにデータも示すことができれば、より説得力が増す文章になる。また、解答例では、柔道で心身を鍛えてきたという学生時代の経験にふれているが、こうした身近な経験から仕事に対する意欲へと話をつなげたり、今後の決意へと展開するのもよい。自分の身近な実体験ほどまとめやすく、説得力のある文章になるからだ。

ここで差がつく

キーワードと理由を準備

消防官の資質からイメージされるキーワードとしては、「正義感」「勇気」「責任感」「(市民からの)信頼」「誠実」「強

である。こうした機器を積極的に取り入れる姿勢も必要だろう。

また、阪神・淡路大震災後は、地域住民のつながりが見直され、自主防災組織の運営といった市民全体の防災活動が奨励されるようになった。大災害発生時には、行政主体の救助活動には限界があるからである。消防職員は、市民とうまくコミュニケーションをとりながら、行政と市民との協働による防災対策を充実させ、地域の防災体制の強化を図らなければならない。

鍛えられた精神と肉体に加え、最新機器にも適応できる柔軟性と、市民をはじめとする他者とのコミュニケーション能力。私はこうした能力を磨いて、多くの人の命と財産を救える立派な消防職員になりたいと思っている。

い意志」「団結力」「協調性」「弱者の味方」などがある。これらのキーワードからイメージを明確につかんでおくことも有効だ。

消防官の資質としてふさわしいキーワードと理由を事前におさえておくことで、試験のときは消防官としてふさわしい意識を自信を持って書くことができるはずだ。

応用

例題で練習しよう

私が目指す消防士像／あなたが考える消防士の心構え／消防職員として働く上で必要な自覚や規律について、あなたの考えを述べなさい

生命の大切さについて

悪い例

❶生命の大切さについて考えてみる。だれに言われるまでもなく、生命はとても大切なものである。日ごろはそのことを実感する機会があまりないが、あらためて問われれば、自明のことである。だれもが生命を大切にしなければならないということはわかっている。

正直に言えば、以前は交番にある交通事故の死亡者数の掲示板を見ても、私は特に気にとめていなかった。しかし、❷一年ほど前に、目の前で交通事故を目撃したことで、掲示板の数字はただの数ではなく、一つ一つが大切な命なのだと、はじめて強く実感した。

評価

構成	用法・語法	個性
B	C	B

序論は小論文の導入としてとても大切な部分。ここで読み手を引き込む文章を書ければ、本論、結論もうまくまとめることができるはずだ。

❶ 出題された内容をただ繰り返しているだけで中身がない。序論は導入部として重要なので、読み手を引き込むような内容を書きたい。

❷ 生命の大切さを実感したきっかけを示しているのはよいが、もっと具体的な説明が必要。

消防官になれば、例えば地震や火事など、さまざまな災害現場で人命救助に当たることになるので、大勢の人の死にも直面することになるだろう。そして人の生命の重さを、より強く実感することになると思う。❸それによって、自分の命も今までよりも大切にするようになるだろうし、他人の命も、本当の意味で大切にすることができるようになるだろう。

❸一般論に終始している。結論部分で「生命の大切さ」と、職業観や志望動機を結びつけよう。

良い例

一年ほど前、近所で自動車と自転車の接触による交通事故を目撃し、救急車を呼ぶという経験をした。はじめてのことで、非常に緊張しながら場所やけが人の状況を説明したことを覚えている。その後、周りの人とも協力して事故現場の交通整理などを手伝った。すぐに到着した救急隊員の処置で、幸い両者とも命に別状はないということがわかった。しかし、交通量の多い交差点だったため、一歩間違えば二次被害が起こる可能性もあったと後で聞いた。

正直に言えば、以前は交番にある交通事故の死亡者数の掲示板を見ても、

解答例から学ぶ

レベルアップ講座

ここがポイント

一般論ばかりではなく自分の意見も述べる

一般論に終始せず、経験から学んだこと、自分の職業観などを踏まえて自分なりの意見をまとめよう。その場合、あいまいな表現ではなく、「～してきた」「～である」など、はっきりと言い切るとよい。

ここで差がつく

文章の書き出しにはパターンがある

文章の書き出しにはパターンがあるので、課題に合わせて使い分けよう。

・問題提起で始める
・自分の体験とからめて語り始める
・テーマに関する背景知識や定義を述べる
・テーマに対して逆説的なことを言って始める

私は特に気にとめていなかった。しかし目の前で起きたその事故によって、その数字が増えていた可能性もあったのだ。掲示板の数字はただの数ではなく、一つ一つが大切な命なのだと、はじめて強く実感した。そして、救急車を呼ぶだけで緊張していた自分と、命を救うために冷静に、しかし懸命に行動していた救急隊員との違いにも衝撃を受けた。自分も人の命を救える人になりたいと思ったのはこの時だった。

消防官になれば、さまざまな災害現場で人命救助に当たることになるので、大勢の人の死にも直面することになるだろう。そして人の生命の重さを、より強く実感することになると思う。以前は命の大切さをあまり実感していなかった自分だからこそ、消防官になって防災指導などの場面で、ほかの人々にも命の大切さを伝えていきたいと考えている。

応用

例題で練習しよう

子どもや若者が豊かに育つまちを実現するための取り組みについて／災害に強いまちづくりのため、あなたが消防職員となって取り組みたいこと

STEP 3 時事問題の知識をアピールして書く①

少子化の背景や要因はどのようなことか。また、行政は少子化対策として具体的にどのような取り組みを行うべきか

悪い例

近年、日本では少子化が進行している。❶少子化とは子どもの数が少なくなることであり、つまり日本社会は子どもが少ない社会であるということである。先進国の中でも最低水準となっている。❷ここ数年、少し回復傾向が見られるが、人口維持に必要な値には程遠い。国も少子化問題を解決するために❷さまざまな対策を講じているが、抜本的な解決には至っていない。

少子化にはさまざまな要因があるが、その一つとして、❷子どもを産みたいと思う人が減っていることが考えられる。これは、子どもを産みにくい、育てにくい社会になってきているということを意味すると考える。

評価

構成	用法・語法	個性
B	B	C

「少子化」に関する知識が足りないことが一目瞭然になってしまっている。知識不足を露呈してしまう内容が散見され、これではいくら文章がうまく書けていても、減点は否めない。

❶テーマに関する知識が足りない。また、言葉をただ繰り返しただけでは用語の解説とはいえない。

❷具体的な内容を示すことで、知識をアピールしよう。

　まずは、子どもを欲しいと思っている人が産める社会にするための取り組みを行うべきであると考える。現在、❸大勢の人が不妊治療を受けているという。不妊治療は当事者にとって経済的にも負担の大きいものである。❹不妊治療に対する補助金制度を作るべきだろう。また、不妊治療を行う公的な医療体制の整備も進んでいない。高度な治療が受けられ、土日祝日にも開いている、不妊専門の公的医療施設の設立が急務である。そして一番の問題は、年齢が上がると妊娠しにくくなり、出産のリスクも高まるということが、あまり知られていないことではないだろうか。保健体育のカリキュラムに組み込むことで、高校生や大学生といった若い世代に対して、こうした知識を普及することが大切だと考える。❺また、結婚したくてもできない人のための婚活を支援する、企業内保育所の設置や男性の育児休暇の取得を義務付ける、子どものいる世帯を税制で大幅に優遇する、といった対策も有効だと考える。

---

❸ 具体的な数値を示すと説得力が増す。

❹ 不妊治療に対する補助金制度はすでに存在する。知識不足を露呈してしまっている。

❺ 対策が多岐にわたるため、ただ羅列しているだけになってしまっている。不妊治療に絞って提案する。

良い例

近年、日本では少子化が進行している。合計特殊出生率は、平成二十九年で一・四三であり、先進国の中でも最低水準となっている。過去最低を記録した平成十七年の一・二六からは微増しているが、人口維持に必要な二・〇七には程遠い。国も少子化問題を解決するために、少子化対策基本法の制定などの取り組みを行っているが、抜本的な解決には至っていない。

少子化にはさまざまな要因があるが、その一つとして考えられるのは、ライフスタイルの多様化である。これによって第一に、「結婚、出産、育児」という従来型のライフステージを選択しない人が増えた。第二に、晩

序論

本論

解答例から学ぶ

レベルアップ講座

ここがポイント

ブレインストーミング

少子化とは？

→少子化対策基本法（平成十五年公布）

→合計特殊出生率　一・三六（二〇一九年）。

少子化の背景、要因は？

→ライフスタイルの多様化

①「産まない」を選ぶ人の増加。

②晩産化「子どもが欲しいのに産めない」人も。（不妊治療患者は推計四七万人）

どういった取り組みをすべきか？

→不妊治療の公的支援を手厚くする

→不妊専門の公的医療施設を設立する

→不妊に関する教育を徹底する

産化が進んだ。第一子出生児の両親の平均年齢は、この三十年間上がり続けている。男女とも、年齢が上がると出生能力が下がって妊娠しにくくなるため、これが少子化の一因にもなっている。

まずは、子どもを欲しいと思っている人が産める社会にするための取り組みを行うべきであると考える。現在、推計四十七万人以上の人が不妊治療を受けているという。不妊治療に対する補助金制度はあるが、まだまだ当事者にとって経済的な負担は大きい。所得や治療期間の制限をなくし、公的支援を手厚くするべきだろう。また、不妊治療を行う公的な医療体制の整備も進んでいない。高度な治療を受けられ、土日祝日にも開いている、不妊専門の公的医療施設の設立が急務である。

そして、一番の問題は、年齢が上がると妊娠しにくくなり、出産のリスクも高まるということが、あまり知られていないことではないだろうか。保健体育のカリキュラムに組み込むことで、高校生や大学生といった若い世代に対して、こうした知識を普及することが大切だと考える。

結論

ここで差がつく　構成を見直してみよう

序論　**少子化の定義と現状**
（合計特殊出生率など）

本論　**少子化の背景、要因**
↓ライフスタイルの多様化
①「産まない」ことを選ぶ人の増加。
②晩産化「子どもが欲しいのに産めない」人も。

結論　**少子化対策として行政が取り組むべきこと**
↓不妊治療の公的支援
↓不妊専門の公的医療施設を設立
↓不妊に関する教育を徹底

応用　例題で練習しよう

人口減少が与える影響と今後行政として何をすべきかについて／公務員による不祥事について「消防士」という立場を踏まえ、不祥事を未然に防止するためには、どのようなことが必要であるか

地球温暖化問題解決に向け、温室効果ガス排出量を削減するために行政として取り組むべきこと

悪い例

地球温暖化により、大気や海洋の温度は、年々確実に上昇している。❶このまま地球温暖化が進むと、さまざまな問題が生じるといわれている。この地球温暖化の原因となっているのは、温室効果ガスである。温室効果ガスの排出を抑えることが、地球温暖化対策においては急務となっている。温室効果ガスの排出量削減については、❷世界各国で取り組む必要がある。地球温暖化は一国だけの問題ではなく、まさに地球規模で取り組むべき問題である。そうでなければ、地球温暖化の進行を止めることはできない。各国が協力して地球温暖化防止に取り組むという姿勢で、継続して対策に

評価

構成	用法・語法	個性
B	C	B

ごく基本的な知識があるのはわかるが、全体的に漠然としていて説得力に欠ける文章になってしまっている。もう少し踏み込んで自分の考えを盛り込むと、もっとよくなる。

❶「さまざまな問題」を具体的に示して、知識をアピールしよう。

❷地球温暖化に対する地球規模の取り組みについて論じるなら、「京都議定書」と、それに変わる「パリ協定」にはふれておきたい。

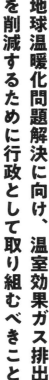

取り組むべきである。

❸では、行政は温室効果ガス排出量削減のために何をすべきだろうか。温室効果ガスのうち、大きな割合を占めているのが二酸化炭素である。ふだんの暮らしの中では、ゴミを燃やしたときや冷暖房を使用したときに二酸化炭素が排出される。自動車の排気ガスにも二酸化炭素は含まれている。突き詰めると二酸化炭素は、石炭、石油、天然ガスといった化石燃料を燃焼させることで生じる。❹このようにして排出される二酸化炭素の量を削減するために、個人がさまざまなことを心がけるといっても、現実にはなかなかできないものである。そこで、二酸化炭素排出量削減の努力を怠った企業や個人に、経済的な負担を求める制度を導入することを提案する。これは反対に、温暖化防止対策に積極的な個人や企業は何らかのかたちで得をする、ということでもある。地球全体のことにはあまり興味がなくても、自分が得をすることに対しては、積極的に行動する人が多いと考えられる。地球温暖化防止のためには、こうした思い切った削減案が効果的だと考える。

❸段落が長すぎるので、改行して分けたほうが読みやすくなる。

❹対策案が漠然としていて説得力がない。どんな制度を導入するのか、具体的なアイデアを示そう。

良い例

地球温暖化により、大気や海洋の温度は、年々確実に上昇している。**地球温暖化は、海水面の上昇や異常気象を引き起こすほか、生態系へも影響を及ぼすものである。**この地球温暖化の原因となっているのは、温室効果ガスである。温室効果ガスの排出を抑えることが、地球温暖化対策において急務となっている。

温室効果ガスの排出量削減については、世界各国で取り組む必要がある。**温室効果ガスの削減目標が「京都議定書」で定められたが、新たに「パリ協定」ではすべての国が参加する温暖化対策が約束された。**

序論

解答例から学ぶ

レベルアップ講座

ここがポイント

ブレインストーミング

「地球温暖化」の原因になっているのは何か？

↓二酸化炭素をはじめとする温室効果ガス

地球温暖化防止のために何をすべきか？

国家間の取り組み……温室効果ガスの削減

↓「京都議定書」「パリ協定」を批准し、削減目標を設定

行政としての取り組み……炭素税の導入

↓化石燃料の需要を抑制する

↓税収を温暖化対策にあてる

ここで差がつく

構成を見直してみよう

序論 **地球温暖化の進行によって生じる問題**

↓海水面の上昇、異常気象、生態系への影響など

本論 **地球温暖化の原因、地球温暖化防止のためにすべきこと**

では、行政は温室効果ガス排出量削減のために何をすべきだろうか。温室効果ガスのうち、大きな割合を占めているのが二酸化炭素である。ふだんの暮らしの中では、ゴミを燃やしたときや冷暖房を使用したときに二酸化炭素が排出される。自動車の排気ガスにも二酸化炭素は含まれている。突き詰めると二酸化炭素は、石炭、石油、天然ガスといった化石燃料を燃焼させることで生じる。そこで化石燃料を課税対象とする「炭素税」が、二酸化炭素の排出抑制対策としてよく挙げられる。二酸化炭素排出量削減への努力を怠った企業や個人に負担を求めることになり、化石燃料の需要抑制につながると期待される。また、その税収を省エネルギー技術の開発といった温暖化対策の取り組みに当てることも可能である。炭素税はスウェーデンやデンマーク、ドイツ、イギリス、オランダといった欧州各国ですでに導入されている。

日本では検討されているものの、未だに導入には至っていない。産業界からの反対は根強いが、地球温暖化防止のためには、こうした思い切った削減策が効果的だと考える。

本論　結論

→温室効果ガスの削減
①「パリ協定」を批准
②各国の取り組み

結論　**温室効果ガス排出量削減のために行政がすべきこと**

→炭素税の導入
・化石燃料の需要を抑制
・税収を温暖化対策に充当

応用　**例題で練習しよう**

世界的なスポーツ大会を国内で開催することの課題及び国や地域にもたらす効果・影響について／インターネットやSNSツールを使用する際に注意すべき点について

STEP 3 専門分野の知識をアピールして書く①

AED（自動体外式除細動器）の公共施設への設置の背景と、より有効的に活用されるために取り組むべきことを論じなさい

悪い例

❶人が大勢集まる場所では、何らかの理由で心停止状態になる人が出ることもあり、そういった緊急事態に対応するためにＡＥＤが設置されるようになった。救急車が到達するまでの間に、その場に居合わせた人が救急活動を行えるようになるので、これは大変良いことだと思う。

❷私が住んでいる町でも、わが母校である小学校や中学校にもＡＥＤは既に設置されており、公共施設へのＡＥＤの設置数は、もう十分足りているようである。しかし、一般の人々が使える公共施設のＡＥＤが十分に活用されているかといえば、必ずしもそうとはいえないだろう。ＡＥＤが広く

評価

構成	用法・語法	個性
B	B	C

AEDの設置の背景など問われていることに対して正しく述べられていない。基本的な知識が不十分という印象だ。肝心な結論の部分も、論点がずれてしまっている。

❶ＡＥＤの公共施設への設置の背景」とは言えず、テーマの問いに答えていない。

❷具体性に欠け、説得力がない。

設置されるようになってから十五年以上も経つが、使用方法が十分に知られていないからである。操作は簡単で、音声ガイドの説明に従えばよいとはいえ、人が倒れているという非日常的な状況で、冷静かつ迅速にＡＥＤを操作できるという人はそれほど多くはないだろう。❸正直なところ私もそうだが、いざというときに自分が救命活動を行える自信がある人はほとんどいないのではないだろうか。

では、どうすればよいのだろうか。消防としてできることは、なるべく多くの人にＡＥＤの講習を受けてもらう工夫をすることであろう。現在行われている講習会には、三時間ほどかかるものが多いが、これは少し長すぎるのではないかと感じる。内容をもう少しコンパクトにして、一時間程度にすれば、忙しくてまとまった時間が取れない人も受講しやすくなるだろう。❹そうなれば私自身も、今すぐにでも講習を受けて、ＡＥＤを使いこなせるようになりたいと思う。

❸自信のなさがうかがえる。適性を疑われるので、ネガティブなことは書かないようにしよう。

❹前向きだが、テーマと直接関係のないまとめの文になってしまっている。

良い例

公共施設などに置かれたＡＥＤが日本で増えたのは、二〇〇四年以降のことである。この年、厚生労働省が、医療に従事していない一般人によるＡＥＤの使用は医師法違反にならないと認めたからである。その十年以上前に、アメリカ心臓協会のガイドラインで、一般人も使用できるパブリックアクセスのＡＥＤの使用が、救命率の向上に有効だと示されて以来、日本でも議論されてきた。二〇〇二年に、高円宮親王がスカッシュの練習中に心室細動で急逝する事故が起こったことも大きな影響を与えた。

実際に、各地のマラソン大会などで、居合わせた人がＡＥＤを使用して

解答例から学ぶ

レベルアップ講座

ここがポイント　**ブレインストーミング**

ＡＥＤとは？

→Automated External Defibrillator（自動体外式除細動器）のこと。心停止の際、自動的に心電図を解析し、必要ならば電気ショックを与えて心臓の状態を正常に戻す医療機器

公共施設に設置された背景

→一九九二年　アメリカ心臓協会（ＡＨＡ）のガイドラインでＡＥＤの有効性を実証

→二〇〇二年　高円宮親王の心臓突然死

→二〇〇四年　一般人による使用が事実上解禁

公共施設での有効活用のために何が必要か

→講習会の活用

→参加者増のための工夫

ここで差がつく　**構成を見直してみよう**

救命活動を行った例も少なからず報道されている。しかし、一般の人々が使える公共施設のＡＥＤが十分に活用されているかといえば、必ずしもそうとはいえないだろう。ＡＥＤが広く設置されるようになってから十五年以上も経つが、使用方法が十分に知らされていないからである。操作は簡単で、音声ガイドの説明に従えばよいとはいえ、人が倒れているという非日常的な状況で、冷静かつ迅速にＡＥＤを操作できるという人はそれほど多くないだろう。友人や家族に聞いてみても、いざという時に救命活動を行える自信があるという者はほとんどいなかった。

本論

　ではどうすればよいのだろうか。消防としてできることは、なるべく多くの人にＡＥＤの講習を受けてもらう工夫をすることであろう。現在行われている講習会は、三時間ほどかかるものが多いが、これは少し長すぎるのではないかと感じる。内容をもう少しコンパクトにして、一時間程度にすれば、忙しくてまとまった時間が取れない人も受講しやすくなるだろう。受講率を上げることで、ＡＥＤがより有効に活用されるようになり、助けられる命も増えるのではないかと考える。

結論

序論　**ＡＥＤの公共施設への設置の背景**
・ＡＨＡのガイドライン、高円宮親王の急逝
↓二〇〇四年、非医療従事者（一般人）に解禁

本論　**ＡＥＤは有効活用されているか？**
・使用例、救助事例は少なくない
↓しかし、使用法などの一般への浸透は不十分

結論　**消防としてできること**
・講習会の参加者増のための工夫
↓講習時間の短縮（現状約三時間→一時間）

応用　**例題で練習しよう**

新たな感染症等に対応するために取り組むべきこと／夏期に集中して発生する熱中症の救急業務を円滑にするための取り組みについて

STEP 3 専門分野の知識をアピールして書く②

市民が安全に安心して暮らせるまちづくりについて市民と取り組む消防防災の観点から、あなたの考えを述べなさい

悪い例

「市民が安全に安心して暮らせるまち」をつくるにはどうすればよいだろうか。地震や火災などに備えて、建物に十分な耐震性・耐火性を持たせたり、緊急車両を走行させるために道路幅を拡張したりといった政策が有効であることは明確である。さらにこうしたハード面の強化に加えて、地域の連帯を高めるといったソフト面の充実が重要であろう。❶大規模災害時に、近隣の人々とのつながりの大切さを実感したという声は多い。

❷具体的な活動としては、市民参加型の防災ワークショップを開催することを提案する。地域の人々が集まって、地図上で仮想災害の被害予想など

評価

構成	用法・語法	個性
B	B	A

自分なりの考えを論理的に展開できている。一部、論点がずれてしまっている箇所があるので、統一感をもたせることを念頭に、見直してみよう。

❶ どのような場面で実感したのか、具体的な例を示すと説得力が増す。

❷ 序論で述べたソフト面についてもふれ、論理展開に統一感をもたせよう。

をする「災害図上訓練」を行い、地域における防災上の留意点をリストアップする。また、避難場所や災害時に役立つ施設の場所、広くて通りやすい道路といった、災害時に必要となるさまざまな情報を地図に書き込んでいく。これを防災マップ作成などにつなげれば、地域防災力は高まるだろう。

現代の都会生活では、近所付き合いをしなくてもふだんはあまり不自由しないため、地域との連帯の重要性を忘れがちである。❸地域の清掃やパトロール当番、町内会の役員といった仕事も、ただ面倒なものとして避けてしまう人が多いのでいつも同じ人が担うことになってしまう。消防団員の入団者も、同様の理由から少ない。そのため、いざ災害が発生すると、それぞれが孤立してしまうのである。まずは、日ごろから近隣の人々とあいさつを交わし、避難情報を教えてもらったり、安否を確認し合ったりできる関係を築いておくことである。こうした「自助」努力を行うことで、安全に安心して暮らせるまちに必要な、地域の人々との「共助」関係ができるのである。

❸例を示しているのはよいが、「地域との連帯を忘れがち」と「地域の仕事の担い手がいつも同じ」では論点がずれてしまっている。

良い例

「市民が安全に安心して暮らせるまち」をつくるにはどうすればよいだろうか。地震や火災などに備えて、建物に十分な耐震性・耐火性を持たせたり、緊急車両を走行させるために道路幅を拡張したりといった政策が有効であることは明確である。さらにこうしたハード面の強化に加えて、地域の連帯を高めるといったソフト面の充実が重要であろう。大規模災害時に、近隣の人々とのつながりの大切さを実感したという声は多い。阪神・淡路大震災で、倒壊家屋から救出された人のうち、七割が近所の人、親戚、家族に助け出されたという。また、東日本大震災以後、社会との結び付き

序論

解答例から学ぶ

レベルアップ講座

ここがポイント　**ブレインストーミング**

安全安心なまちづくり

↓ハード面：十分な耐震・耐火性、広い道路など

↓ソフト面：地域の連帯（阪神・淡路大震災や東日本大震災での例）

市民参加型のワークショップ

↓災害図上訓練、防災マップ作りなど

↓実際に顔合わせをすることで地域連帯を強化

共助（地域）より自助（個人）

↓都会生活は近所づきあいが不足→地域のとの連帯を忘れがち→災害時に孤立

ここで差がつく　**構成を見直してみよう**

序論　**安全で安心なまちとは？**

↓ハード面：十分な耐震・耐火性、広い道路など

↓ソフト面：地域の連帯（阪神・淡路大震災や東日本

を「前よりも大切に思うようになった」とする人は八割を占め、社会の絆を重視する意識が高まっている。

具体的な活動としては、市民参加型の防災ワークショップを開催することを提案する。地域の人々が集まって、地図上で仮想災害の被害予想などをする「災害図上訓練」を行い、地域における防災用の留意点をリストアップする。これを防災マップ作成などにつなげれば、地域防災力は高まるだろう。そしてさらに重要なことに、そうした話し合いで地域の人々が顔を合わせることで、互いに助け合う「共助」の精神が育つのである。

現代の都会生活では、近所付き合いをしなくてもふだんはあまり不自由しないため、地域との連帯の重要性を忘れがちである。そのため、いざ災害が発生すると、それぞれが孤立してしまうのである。まずは、日ごろから近隣の人々とあいさつを交わし、避難情報を教えてもらったり、安否を確認し合ったりできる関係を築いておくことである。こうした「自助」努力を行うことで、安全に安心して暮らせるまちに必要な、地域の人々との「共助」関係ができるのである。

本論　結論

大震災での例

本論　**まちづくりのための具体的な取り組みを提案**

市民参加型のワークショップ（災害図上訓練など）

↓実際に顔合わせをすることで地域連帯を強化

結論　**「共助」関係を作るための「自助」努力について**

↓都会生活は近所づきあいが不足 ↓ 地域のとの連帯を忘れがち ↓ 災害時に孤立

応用

例題で練習しよう

市民が安心して暮らせる町づくりに応えるために、消防職員に求められること／火災現場で消防士として一番気を付けなければならないこと

STEP 3 専門分野の知識をアピールして書く③

近年、自然災害が各地で多発しているが、災害時要援護者に対する消防職員としてのあるべき姿を述べなさい

悪い例

「災害時要援護者」とは、災害時に必要な情報を迅速、的確に把握して安全な場所に避難するといった行動に支援を要する人のことを指す、防災行政上の用語である。具体的には、疾病者、障がい者、高齢者、妊婦、乳幼児、日本語を理解しない外国人などをいう。❶このような人々は、かつて「災害弱者」と呼ばれていた。❷災害弱者は、「防災白書」では「一、自分の身に危険が差し迫った場合、それを察知する能力が無い、または困難な者。二、自身の身に危険が差し迫った場合、それを察知しても適切な行動をとることができない、または困難な者。三、危険を知らせる情報を受け取る

評価

構成	用法・語法	個性
B	C	B

定義の説明が長く、序論の文章量が多すぎて全体のバランスが悪い。推敲して、不要な部分は省いてまとめ直してみよう。

❶「災害弱者」ではなく「災害時要援護者」という言葉が使われる理由を示し、専門分野の知識があることをアピールしよう。

❷災害弱者についての定義が長すぎる。内容も重複しているので不要。

ことができない、または困難な者。四、危険を知らせる情報を受け取ることができても、それに対して適切な行動をとることができない、または困難な者」の四項目のうち、どれかに当てはまる人を指すと定義している。

❸災害時に必要な支援は、ハンディキャップの種類がさまざまであるため、それぞれ異なる。その場で臨機応変に対応することが求められる場合もあるだろう。消防職員として行うべきことは、平時から、市町村や警察、保健所といった行政機関のほか、消防団や町内会などの地域コミュニティ、福祉関係団体などとの協力体制を確立しておくことである。具体的には、自治体が収集した災害時要援護者の所在や配慮を要する点といった個人情報を関係団体が共有することが必要である。そのうえで、それぞれのハンディに合わせた情報伝達手段をあらかじめ確保しておく、といった防災対策を行うべきであると考える。

❹災害時要援護者を「災害弱者」にしないためには、関係者や関係団体が協力して、日ごろから災害に備えることが大切である。

---

❸どのような人々に、どのような支援が必要なのかを具体的に示そう。

❹結論部分に消防職員のあるべき姿を述べると、まとまりがよい。

良い例

「災害時要援護者」とは、災害時に必要な情報を迅速、的確に把握して安全な場所に避難するといった行動に支援を要する人のことを指す、防災行政上の用語である。具体的には、疾病者、障がい者、高齢者、妊婦、乳幼児、日本語を理解しない外国人などをいう。このような人々は、かつては災害弱者と呼ばれていた。しかし、平時の備え次第で弱者になるとは限らないことから、「災害時要援護者」という言葉が使われるようになった。

災害時に必要な支援は、ハンディキャップの種類がさまざまであるため、それぞれ異なる。例えば、聴覚障害者には音声情報は伝わりにくいので、

序論

解答例から学ぶ

レベルアップ講座

ここがポイント　**ブレインストーミング**

災害時要支援者
≒災害弱者
↓災害時の行動にハンディキャップを負う人々、疾病者、障害者、高齢者、外国人など
↓「災害弱者」が「災害時要援護者」といわれるようになった理由を示す
災害時要援護者に対する消防職員のあるべき姿
↓災害時：臨機応変に（ハンディは人それぞれ）
↓平時：自治体、警察、保健所、地域コミュニティ、福祉関係団体等との協力体制を確立（所在情報の共有
↓情報伝達手段の確保）
↓情報伝達、安否確認、救助、避難誘導などに役立てる

ここで差がつく　**構成を見直してみよう**

序論　**災害時要援護者とは、災害弱者とは**

電子メールやファックス、文字放送テレビなどを活用して情報を伝達するようにしなければならない。日本語能力が不足している外国人には、イラストを用いて説明したり、通訳を派遣したりする必要がある。その場で臨機応変に対応することが求められる場合もあるだろう。消防職員として行うべきことは、平時から、市町村や警察、保健所といった行政機関のほか、消防団や町内会などの地域コミュニティ、福祉関係団体などとの協力体制を確立しておくことである。具体的には、自治体が収集した災害時要援護者の所在や配慮を要する点といった個人情報を関係団体が共有することが必要である。そのうえで、それぞれのハンディに合わせた情報伝達手段をあらかじめ確保しておく、といった防災対策を行うべきであると考える。

本論

　災害時要援護者を「災害弱者」にしないためには、関係者や関係団体が協力して、日ごろから災害に備えることが大切である。こうして作成した防災プランを、情報伝達や安否確認、救助、避難誘導といった災害時の活動に役立てることが、消防職員のみならず、関係するすべての人々のあるべき姿だと考える。

結論

↓平時の備え次第で「弱者」にはならないことから、「災害時要援護者」というようになった

本論　**要援護者に対する消防職員のあるべき姿**

↓災害時：臨機応変に対応（例：聴覚障害者、外国人）

↓平時：関係団体等との協力体制を確立→所在情報の共有と情報伝達手段の確保

結論　**要援護者を「災害弱者」にしないために**

↓関係者・関係団体の協力が重要

↓情報伝達、安否確認、救助、避難誘導に役立てることが全関係者のあるべき姿

応用　**例題で練習しよう**

「災害に強いまちづくり」のため、あなたが消防職員となって取り組みたい内容を、その理由・方策も含めて具体的に述べなさい

「高齢社会における防災」と題し、あなたの考えを述べなさい

悪い例

高齢社会における防災について述べる前に、災害発生時に高齢者がどのような問題に直面するかを考えなければならない。まず、一般に高齢者は素早い行動が苦手なため、災害発生時の初動が遅れやすいという問題がある。このため、災害から逃げ遅れる可能性が高くなる。さらに、避難所での厳しい生活で体調を崩す高齢者が多いという。❶ある震災では、地震で倒壊した家屋や土砂崩れなどによる圧死などの「直接死」よりも、ショックやその後のストレス、疲労などで肺炎や心筋梗塞、脳梗塞などに至って死亡した「災害関連死」が多かった。この災害関連死を減らすことが、高齢

❶ どの地震の時の話なのかを示すべき。専門分野の知識をアピールでき、説得力も増す。

評価

構成	用法・語法	個性
B	B	C

事実を述べるときは、どの震災の時の話なのか具体的に書いたほうが、説得力が増す。結論が突飛な印象なので、実現可能な提案でまとめよう。

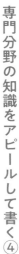

社会における防災で最も重要なことだと考える。

具体的な対策としては、第一に、避難所での過酷な生活によるストレスを軽減するために、日ごろから地域コミュニティの結びつきを強化しておくことを提案する。❷震災の被災者も、今後取り組むべきこととして挙げている。高齢者に限らず、被災後のショックや避難所での不安、過密状況でのストレスを和らげてくれるのは、まわりの人とのつながりである。顔見知りの人と話すことで、前向きな気持ちを持てるということもあるだろう。

第二に、避難所での健康維持のための情報発信が重要だと考える。❷避難生活をしていた人がエコノミークラス症候群で亡くなったことがあったが、トイレに行きづらく、食事や水分を控えていたこと、体を動かさなかったことなども原因だと考えられている。このようなことは正しい健康情報と、ケアによって避けられるのではないだろうか。

災害関連死は、いわば「避けられたかもしれない死」である。❸市民と行政が協働で取り組めば、すべての災害関連死を防ぐことができるだろう。

---

❷ 説得力を増すために、もっと具体的な説明を加えたい。

❸ 極端に楽天的な見通しである。実現可能な提案でまとめよう。

良い例

高齢社会における防災について述べる前に、災害発生時に高齢者がどのような問題に直面するかを考えなければならない。まず、一般に高齢者は素早い行動が苦手なため、災害発生時の初動が遅れやすいという問題がある。このため、災害から逃げ遅れる可能性が高くなる。さらに、避難所での厳しい生活で体調を崩す高齢者が多いという。熊本地震では、地震で倒壊した家屋や土砂崩れなどによる圧死などの「直接死」よりも、ショックやその後のストレス、持病の悪化によって死亡した「災害関連死」が多かった。この災害関連死を減らすことが、高齢社会における防災で最も重要なことだと考える。

序論

解答例から学ぶ

レベルアップ講座

ここがポイント **ブレインストーミング**

高齢社会における防災

↓災害時に高齢者が直面する問題とは？

① 身体的ハンディキャップ

↓初動の遅れ

② 避難所での生活の困難さ

↓ 災害関連死（例：熊本地震での災害関連死の多さ）

↓②に対する対策が重要

↓具体的にはどのような対策を取るべきか？

① 地域コミュニティの結びつきの強化

↓孤立を避ける、心のケア

② 健康情報の発信（水分補給、運動）

↓エコノミー症候群を避ける

ここで差がつく **構成を見直してみよう**

序論 **災害発生時に高齢者が直面する問題**

① 身体的ハンディキャップ

具体的な対策としては、第一に、避難所での過酷な生活によるストレスを軽減するために、日ごろから地域コミュニティの結びつきを強化しておくことを提案する。これは、東日本大震災後の調査でも、「地域のつながり」、「社会全体として助け合うこと」の重要性の意識が高まっているからである。高齢者に限らず、被災後のショックや避難所での不安、過密状況でのストレスを和らげてくれるのは、まわりの人とのつながりである。顔見知りの人と話すことで、前向きな気持ちを持てるということもあるだろう。

第二に、避難所での健康維持のための情報発信が重要だと考える。中越地震では、避難所の混雑を避けて自動車の中で避難生活をしていた人がエコノミークラス症候群で亡くなった。トイレに行きづらく食事や水分を控えていたこと、体を動かさなかったことなども原因だと考えられている。これらは正しい健康情報と、ケアによって避けられるのではないだろうか。

本論

災害関連死は、いわば「避けられたかもしれない死」である。高齢者を含む多くの被災者が関連死で亡くなることがないよう、市民と行政が協働で取り組むべきである。

結論

②避難所での生活の困難さ。
↓初動の遅れ
↓災害関連死。（例：地震での災害関連死の多さ）
↓②に対する対策が重要
本論①　**地域コミュニティの結びつきの強化**
↓孤立を避ける、心のケア
本論②　**健康情報の発信（水分補給、運動）**
↓エコノミー症候群を避ける
結論　**市民と行政の協働で取り組むべき**

応用　**例題で練習しよう**

市民に火災予防の意識を普及させるため重要なことは何か述べなさい／女性消防吏員の活躍推進のために必要な取り組みについて

STEP 3 専門分野の知識をアピールして書く⑤

消防組織として取り組むべき中山間地域における防災・防火対策について、あなたの考えを論じなさい

悪い例

❶中山間地域とは、都市や平地以外の中間農業地域と山間農業地域の総称である。一般に平坦な土地が狭く、農業生産に不利な地域を指す。日本の国土の六十九パーセントを占める。集落も点在していることが多いため、地震や台風、山火事などの災害発生時に、都市部とは異なる問題が発生する。もともと地形的に救急車や消防車の到着に時間がかかることが問題視されているうえに、地震や台風で土砂崩れが発生した場合には、車両の通行はかなり困難になる。また、❷電話の中継局の設備破損や停電のために携帯電話、固定電話、防災無線のすべてが不通となり、集落が完全に孤立し

評価

構成	用法・語法	個性
A	B	B

序論で定義や説明が長すぎると、冗長な印象になってしまう。論じるのに必要な部分だけに絞ろう。内容に具体的な例を盛り込むことも忘れずに。

❶ 定義が長すぎる。防災・防火に関連する点についてだけふれて、対策につなげるとよい。

❷ 通信網が遮断されて集落が孤立した具体例を示せば説得力が増す。

てしまうこともある。

こうした点を踏まえて中山間地域における防災・防火対策に、消防組織としてどのように取り組むべきかを考える。まず、❸現場の最も近くにいる消防車や救急車に出動命令を出すシステムを導入することで、到着までにかかる時間は短縮する。また、交通網が遮断された場合に有効なのは、ヘリコプターである。ドクターヘリや消防防災ヘリを活用することで、迅速な救急救命が可能になるだけでなく、物資や情報を届けることもできるようになる。通信網については、衛星携帯電話を導入するという方法がある。徳島県は、災害時用の衛星携帯電話やアマチュア無線に関し、初期費用を補助することで、県内の各市町村への配備を推進している。

当然のことながら防災・防火対策としては、こうしたハード面だけでなくソフト面も充実させなければならない。そのためには、地域の事情をよく知る❹消防団との情報の共有が不可欠だ。防災・防火に不利な地形だからこそ、「地域防災の要」ともいわれる消防団との協力も重要なのである。

❸「高機能消防指令情報システム」という名称を示し、専門分野の知識をアピールしよう。
❹どのような情報を共有するか、具体的に示すと説得力が増す。

良い例

中山間地域は平らな土地が少なく、集落も点在していることが多いため、地震や台風、山火事などの災害発生時に、都市部とは異なる問題が発生する。もともと地形的に救急車や消防車の到着に時間がかかることが問題視されているうえに、地震や台風で土砂崩れが発生した場合には、車両の通行はかなり困難になる。また、電話の中継局の設備破損や停電のために携帯電話、固定電話、防災無線のすべてが不通となり、集落が完全に孤立してしまうこともある。二〇〇四年に発生した新潟県中越地震でも、このような事態が起こった。

序論

こうした点を踏まえて中山間地域における防災・防火対策に、消防組織

解答例から学ぶ

レベルアップ講座

ここがポイント ブレインストーミング

中山間地域における防災・防火対策

→中山間地域における防災・防火の課題
・交通　救急車などの到着に時間がかかる
・通信　通信網遮断で、集落が孤立しやすい
（例：二〇〇四年の新潟県中越地震）

中山間地域における防災・防火対策

→高機能消防指令情報システムの導入
→ヘリコプターの活用
→衛星携帯電話の導入
→消防団との住民情報の共有→迅速な救助活動

ここで差がつく 構成を見直してみよう

序論　**中山間地域における防災・防火の課題**
・交通　救急車などの到着に

としてどのように取り組むべきかを考える。まず、現場の最も近くの消防署ではなく、最も近くにいる消防車や救急車に出動命令を出す、「高機能消防指令情報システム」を導入することで、到着までにかかる時間は短縮する。また、交通網が遮断された場合に有効なのは、ヘリコプターである。ドクターヘリや消防防災ヘリを活用することで、迅速な救急救命が可能になるだけでなく、物資や情報を届けることもできるようになる。通信網については、衛星携帯電話を導入するという方法がある。徳島県は、災害時用の衛星携帯電話やアマチュア無線に関し、初期費用を補助することで、県内の各市町村への配備を推進している。

当然のことながら、防災・防火対策としては、こうしたハード面だけでなくソフト面も充実させなければならない。そのためには、地域の事情をよく知る消防団との情報の共有が不可欠だ。各住居の間取りや家族構成といった詳細な情報が、迅速な救助活動につながるのである。防災・防火に不利な地形だからこそ、「地域防災の要」ともいわれる消防団との協力も重要なのである。

本論　結論

時間がかかる
・通信　通信網遮断で、集落が孤立しやすい
（例：二〇〇四年の新潟県中越地震）

本論　**中山間地域における防災・防火対策**
↓高機能消防指令情報システムの導入
↓ヘリコプターの活用
↓衛星携帯電話の導入

結論　**ハード面に加え、ソフト面の充実も不可欠**
↓消防団との住民情報の共有↓迅速な救助活動

応用

例題で練習しよう

自然災害に対する地域や個人での防災の取り組みについてあなたが思うこと／大規模災害における消防活動体制を強化について

第6章

実践問題

- 課題1
- 課題2
- 課題3
- 課題4
- 課題5

第1章～第5章までをふまえ、実際に原稿用紙を準備して小論文を書いてみましょう。本章では、第4章で示したプロセスを導くヒントが示されています。

課題 1

これまでの人との関わりで学んだことを、どのように仕事に活かしていきたいか述べよ

ブレインストーミング

どのような人と、どのような関わりがあったか？

どのようなことを学んだか？

どのように仕事に活かしていきたいか？

MEMO

何を中心に書くか？

書き出しをどうするか？

どんなことを訴えるか？

文章構成をどうするか？

序論：

本論：

結論：

模範解答

　私は大学でトライアスロン部に所属している。そこでは部の仲間との人間関係を通じて多くのことを学んだ。❶部には、初心者から日本学生選手権の上位入賞者まで、さまざまな人が所属している。そのため、全体練習は原則としてレベル別で、その他の練習も自主的な参加に任されている。私は常に自分自身のタイムを更新することを目標に参加してきたが、結局は自分を律することができる者だけが完走を果たし、タイムを伸ばし、大会で勝利を収めることができるのだと考えていた。つまり、結果は個人の努力次第なのだと思っていた。

　しかし、一年生の秋に足を痛め、大会はおろか、練習にも参加できない時期があり、考えが変わった。けがをしていたその一か月間、私はマネージャーと一緒に他の部員の練習をサポートする役割を務めた。当初はマ

序論

解答例から学ぶ

レベルアップ講座

ここがポイント **ブレインストーミング**

❶どのような人と、どのような関わりがあったか?

❷どのようなことを学んだか?

❸どのように仕事に活かしていきたいか?

ここで差がつく **構成を見直してみよう**

何を中心に書くか?

→けがをした一か月間、他の部員のサポートの経験から得たこと

書き出しをどうするか?

→トライアスロン部の仲間との人間関係から多くのことを学んだ

どんなことを訴えるか?

→周りの人をサポートする気配りと、自分も他人に支えられていることを意識して謙虚な姿勢で仕事に取り組む

ネージャーの指示に従うだけだったが、徐々に部員がそれぞれ何を必要としているのかがわかるようになってきた。ドリンクを用意したり、タイムを計ったり、自転車の故障を修理したりといった雑用をこなしながら、❷今まで自分もほかのメンバーに支えられてきたのだということを改めて実感し、周りの人のサポートなくして成功はないということを学んだ。そしてその後は、完走後の達成感も、自己ベスト更新の喜びも、今まで以上のものに感じられるようになった。共に練習し、支え合ってきた仲間と心から喜びを分かち合えるようになったからである。

この達成感や喜びは、仲間と共に厳しいトレーニングを積み、支え合いながら業務を遂行するという点で、消防の仕事にも共通するだろう。トライアスロン部での人との関わりの中で学んだことを活かし、❸常に周りの人をサポートできる気配りを忘れないようにしたい。また、自分も他の人に支えられているのだということを忘れず、謙虚な姿勢で仕事に取り組んでいきたいと考えている。

本論　結論

課題 2

「循環型社会」の実現に向けて、あなたの考えを論じなさい。

ブレインストーミング

循環型社会とは？

循環型社会を実現するために必要なことは？

個人としてできることは？

行政としてできることは？

何を中心に書くか？

書き出しをどうするか？

どんなことを訴えるか？

文章構成をどうするか？

序論：

本論：

結論：

模範解答

序論

❶「循環型社会」とは廃棄物の抑制や、再利用可能な資源（循環資源）の適正利用・適正処分によって、天然資源の消費を抑制して環境への負荷をできる限り低減する社会のことである。地球の未来を見据えれば、実現が望まれる社会であることに異論はないであろう。しかし、大量生産・大量消費が当然となっている現代の日本は、循環型とは言い難い社会である。次世代に美しい地球環境を残すためには、現代社会における生産・消費活動のあり方を大きく変えなければならない。

本論

　そのためには、物を大切にする江戸時代の文化が参考になるのではないだろうか。現代の日本では、家電製品などでも修理するより新製品を買ったほうが安いことが多く、たくさんの物が使い捨てられている。しかし江戸時代には、物を大切に使い、何度も修理し、最後まで使い切るというこ

解答例から学ぶ

レベルアップ講座

ここがポイント　**ブレインストーミング**

❶ 循環型社会とは？
❷ 循環型社会を実現するために必要なことは？
❸ 個人としてできることは？
❹ 行政としてできることは？

ここで差がつく　**構成を見直してみよう**

何を中心に書くか？
↓江戸時代の物を大切に使う文化

書き出しをどうするか？
↓循環型社会について

どんなことを訴えるか？
↓一人ひとりの意識によって社会は変化できる

とが徹底されていた。傘や下駄、金物、陶磁器といった物を修理する職業や、今で言う廃品回収業に従事する人も多かった。人糞や灰などでさえ、当時は非常に貴重なものとして回収されていた。人糞は田畑の肥料にし、灰は洗いものや染色に利用したのである。また、火事跡の釘や木材を拾い、まだ使える木材は磨いたりして再利用し、どうしても再利用が困難な燃え残りも銭湯などで燃料として利用したという。

もちろん、現代社会に江戸時代の生活をそのまま導入することは現実的ではない。しかし、リサイクルのアイディアやその精神に関して学ぶところは多いはずである。個人としては、❸余分な物を買わない、壊れてもすぐには捨てずに修理して使う、不要になった物はリサイクルショップやバザーに出す、といったことは、今すぐにでも実践できよう。また、行政としても、❹江戸時代の人々の生活を紹介することで循環型社会の実現に向けた世論づくりを主導するなど、取り組み可能なことは少なくないだろう。❷一人ひとりが限りある資源を大切に使う意識を持つことで、社会は変われると私は信じている。

結論

課題 3

「努力と結果」という題で作文を書きなさい

ブレインストーミング

「努力」という言葉に対してどのようなイメージを持っているか？

あなたは過去にどのような努力をしたか？

その努力によって、どのような結果が得られたか？

MEMO

何を中心に書くか？

書き出しをどうするか？

どんなことを訴えるか？

文章構成をどうするか？

序論：

本論：

結論：

模範解答

序論

❶「努力」という言葉は、必ずしもポジティブなイメージばかりあるというわけではなく、特に最近は努力を軽視する風潮があると思う。以前は私も「努力」という言葉があまり好きではなかった。いくら努力しても結果がついてくるとは限らないし、もしも想い描いていた結果が得られなかったら、その努力は全部無駄になると思っていたからである。そして、努力を人に見られることと、そのうえで失敗することは、本当に格好悪くて恥ずかしいことだと思っていた。最大限に頑張っても結果が得られなかったら辛いから、「本気で努力すればできた」という言い訳を残すために努力を避けていたのだ。そのことに気がついたのは、高校時代だった。

本論

❷バドミントン部に所属していた私は、通常はシングルスの試合にのみ出場していたのだが、高校最後の大会だけは、部長と組んでダブルスに出る

解答例から学ぶ

レベルアップ講座

ここがポイント　**ブレインストーミング**

❶「努力」という言葉に対してどのようなイメージを持っているか？

❷あなたは過去にどのような努力をしたか？

❸その努力によって、どのような結果が得られたか？

ここで差がつく　**構成を見直してみよう**

何を中心に書くか？
→バドミントン部で「本気で努力した」経験について

書き出しをどうするか？
→社会的な「努力」に対するイメージ

どんなことを訴えるか？
→望んでいた結果ではなくても、努力すれば必ず何かを得られる

ことになった。練習熱心な部長に引っ張られ、大会前の一か月間、通常の部活以外に早朝や昼休みにも毎日練習を行った。最初は私たちだけで練習していたが、いつの間にか三年生の部員全員が参加するようになっていた。それまで公式戦で一勝もしたことがなかった私は、初勝利に向けて、人生で初めて本気で努力をしたのである。しかし、結果は惜敗だった。試合終了後、悔しくて涙が止まらなかった。気がつくと、一緒に練習を重ねてきた仲間たちも泣いていた。

がむしゃらに全力で頑張った日々は、私に多くのことを教えてくれた。試合には勝てなかったが、これ以上はないというくらい一生懸命やったので、悔いは全くなかった。今なら、努力することも、そしてその結果失敗することも、決して恥ずかしいことではないと胸を張って言うことができる。❸努力をすれば、たとえ望んでいた結果が得られなくても、必ず何かを得られると思う。「無駄な努力」など、存在しない。

結論

課題 4

「良好な人間関係を築くために最も大切なこと」について、あなたの考えを述べよ。

ブレインストーミング

良好な人間関係とはどのようなものか？

あなたがこれまでに築いてきた、「良好な人間関係」は？

良好な人間関係を築くために最も大切なことは何か？

MEMO

何を中心に書くか？

書き出しをどうするか？

どんなことを訴えるか？

文章構成をどうするか？

序論：

本論：

結論：

模範解答

「良好な人間関係」とは、どのようなものを指すのだろうか。❶目的を共有する組織内での人間関係について言うならば、ただの仲良しではなく、各自が自分の持てる力を最大限に発揮できるような結びつきを持った関係だと思う。このような人間関係を築くために最も大切な事は、自己主張と協調性のバランス感覚を持つことだと考える。自分の考えを押し通そうとすれば角が立つが、周りに合わせるだけでは自分の長所を押しつぶすことになりかねない。適度な自己主張と適度な協調性が、人間関係を良好にするのではないだろうか。

❷私が現在所属している消防団には、年齢も職業もさまざまな人がいる。親世代の人が多く、友人関係とは少し異なるものの、非常に良好な関係が築けていると思う。私の場合、同年代の友人に対してだと自分のわがまま

序論

解答例から学ぶ

レベルアップ講座

ここがポイント

ブレインストーミング

❶良好な人間関係とはどのようなものか？

❷あなたがこれまでに築いてきた「良好な人間関係」は？

❸良好な人間関係を築くために最も大切なことは何か？

ここで差がつく

構成を見直してみよう

何を中心に書くか？

→年齢も職業もさまざまな、所属している消防団で良好な関係を築けていること

書き出しをどうするか？

→「良好な人間関係」についての見解

どんなことを訴えるか？

→互いを認め合い、その個性を活かしながら目的を達成できるような人間関係が理想

を通そうとしてしまったり、相手の意見を尊重できなかったりすることが時々ある。しかし消防団の中では、私が最年少で唯一の学生であるということもあって、他の団員の考えを素直に聞くことが自然にできる。一方で、年長の団員も私の言葉に真剣に耳を傾けてくれることが実感できている。私の所属する消防団では、正式なミーティング以外の場面でも、団員募集方法の改善などの課題について、まじめな話をすることがよくある。つい議論に熱中しすぎて声が大きくなるようなことも少なくないが、そんなときには団員のだれかが声をかけ、収拾がつかないような状態には決してならない。皆、自分の意見をしっかりと主張しながらも、お互いを尊重することができているのである。

こうした良好な人間関係を築くためには、❸互いの人格や能力を認め合うことが大切だと思う。受け止めてもらえるという信頼があれば、自分を主張することもできる。一人ひとりがその個性を活かしながら、周りの人々と協力して目的を達成できるような人間関係が私の理想である。

本論

結論

課題 5

「社会のルールと個人の自由」について、あなたの考えを述べなさい

ブレインストーミング

社会のルールとは、どのようなことか？

個人の自由とは、どのようなことか？

社会のルールと個人の自由は、どのような関係にあるか？

社会のルールと個人の自由では、どちらかを優先するべきか？

社会のルールと個人の自由は、両立することができるか？

MEMO

何を中心に書くか？

書き出しをどうするか？

どんなことを訴えるか？

文章構成をどうするか？

序論：

本論：

結論：

模範解答

序論

❷日本国憲法の第十三条には「すべて国民は、個人として尊重される」とあり、国民は個人の自由を追求する権利があると明記されている。しかし、この条文には❶「公共の福祉に反しない限り」という但し書きがつく。つまり、個人の自由を追求する場合には、社会全体の利益を考慮に入れる必要があるということである。

本論

　個人の自由を追求するのは、すべての国民に与えられた権利である。同時に、社会のルールを守ることが秩序を守る上で重要な義務でもある。だれもが自由を盾に勝手気ままに行動したのでは、社会の秩序が乱れ、社会全体の不利益となることになる。権利を主張するには義務を果たす必要があり、義務を果たさない者は権利を主張することができない。これは一般によく言われていることだ。しかし、権利を主張することと、義務を果たすことが一致すればよいのだが、一致しない場合もある。たとえば横断歩

解答例から学ぶ レベルアップ講座

ここがポイント　ブレインストーミング

❶社会のルールとは、どのようなことか？
❷個人の自由とは、どのようなことか？
❸社会のルールと個人の自由は、どのような関係にあるか？
❹社会のルールと個人の自由では、どちらかを優先するべきか？
❺社会のルールと個人の自由は、両立することができるか？

ここで差がつく　構成を見直してみよう

何を中心に書くか？
↓交通ルール
書き出しをどうするか？
↓日本国憲法に明記されている、国民の自由の権利について
どんなことを訴えるか？
↓一人ひとりが個人の自由と

道を渡りたいと考えていても、赤信号であれば渡ってはいけない。何をするのも個人の自由だといって、社会のルールを破って赤信号で渡れば、混乱を引き起こす可能性がある。この場合、信号を守ると言う義務を果たすことで道路を安全に渡れるという権利が保障されることになり、利害は一致している。しかし、まったく車も人も通らないような道で、赤信号では道路を渡らないのが社会のルールだからといって、何時間も待っている必要があるのかといえば、私はないと思う。なぜなら、信号そのものが壊れている可能性もあるからだ。

❸個人の自由を保障するためにも、社会のルールを守ることは必要なことである。現在、❹自由を追求する権利だけを主張して、社会のルールを守らない人間が多いように感じるが、権利には義務が伴うことを忘れてはいけない。しかし、社会のルールそのものに懐疑的な目を向ける姿勢も、時には必要であると私は考える。そのように、❺一人ひとりが個人の自由と社会のルールの関係について深く考察していくことが、より良い社会をつくることにつながるのだと思う。

結論

社会のルールについて深く考察することが、より良い社会をつくる

編集協力　渡辺 典子
木村 亜紀子
装幀・デザイン　鈴木 明子（フレーズ）
DTP　株式会社 エヌ・オフィス

出題傾向と模範解答でよくわかる！
消防官試験のための論作文術 改訂版

2021年6月30日　初版第1刷発行

編　者　つちや書店編集部
発行者　佐藤 秀
発行所　株式会社 つちや書店
〒113-0023　東京都文京区向丘1-8-13
電話　03-3816-2071　FAX 03-3816-2072
HP　http://tsuchiyashoten.co.jp/
E-mail　info@tsuchiyashoten.co.jp
印刷・製本　日経印刷株式会社

落丁・乱丁は当社にてお取り替え致します。